Somos así
EN SUS MARCAS
Second Edition

Workbook

Karin D. Fajardo
Peter M. Morales

Consultants
Amy Dorn-Fernández
James F. Funston
Yuri M. Guerra Guerra
Alejandro Vargas Bonilla

EMC/Paradigm Publishing, Saint Paul, Minnesota

Registered trademarks—Netscape Navigator is a trademark of Corel Corporation.

The Internet is a fast-paced technology, and Web pages and Web addresses are constantly changing or disappearing. You may need to substitute different addresses from the ones given in the activities throughout this workbook.

ISBN 0-8219-1890-7

Published by EMC/Paradigm Publishing
875 Montreal Way
St. Paul, Minnesota 55102
800-328-452
www.emcp.com
E-mail: educate@emcp.com

Printed in the United States of America
1 2 3 4 5 6 7 8 9 10 XXX 05 04 03 02 01 00

CAPÍTULO 1

Lección 1

1 Los países de habla hispana

A. **América Central, América del Norte y el Caribe**
Write the names of the Spanish-speaking countries indicated by each number. Refer to the maps in the textbook of Central America, Mexico and the Caribbean.

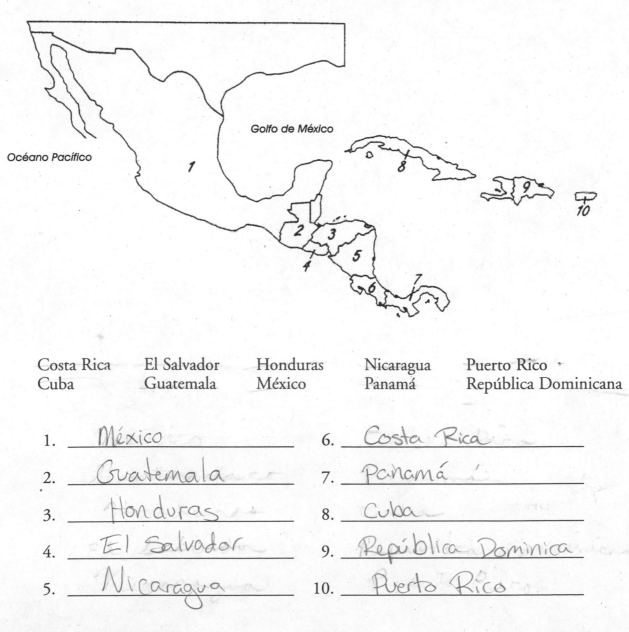

Costa Rica	El Salvador	Honduras	Nicaragua	Puerto Rico
Cuba	Guatemala	México	Panamá	República Dominicana

1. _México_
2. _Guatemala_
3. _Honduras_
4. _El Salvador_
5. _Nicaragua_

6. _Costa Rica_
7. _Panamá_
8. _Cuba_
9. _República Dominica_
10. _Puerto Rico_

B. América del Sur, Europa y África
Complete each blank space with the names of the Spanish-speaking countries in South America, Europe and Africa.

Argentina	Colombia	Guinea Ecuatorial	Uruguay
Bolivia	Ecuador	Paraguay	Venezuela
Chile	España	Perú	

1. Colombia

2. Venezuela

3. Ecuador

4. Perú

5. Bolivia

6. Chile

7. Argentina

8. Paraguay

9. Uruguay

10. España

11. Guinea Ecuatorial

2 Navegando por la red

You have logged on to the Internet to find information about Spanish-speaking countries and you have opened a page called *Oficinas de turismo* (Tourist Information Offices). A list of cities where these offices are located is displayed, but the countries are not listed. What buttons would you click to get information on each of the countries listed below the screen? In the space provided, write the letter for each city next to its corresponding country.

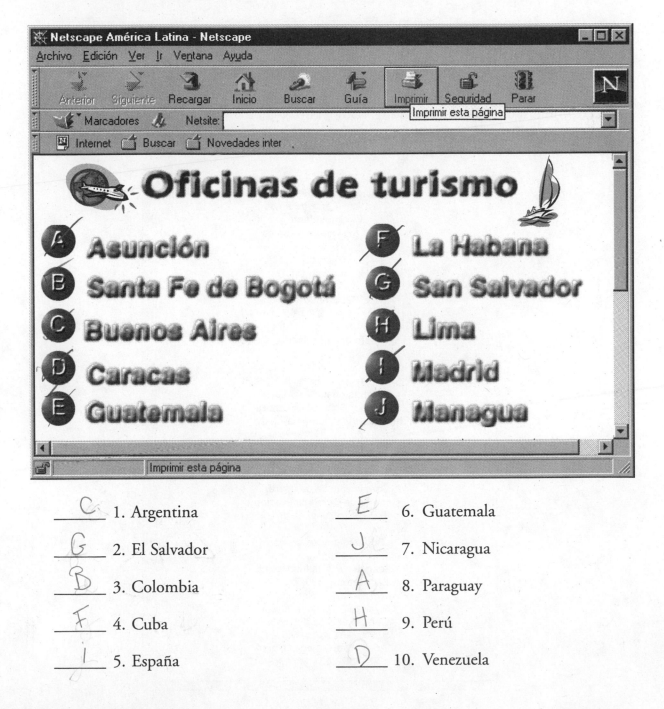

____C____ 1. Argentina

____G____ 2. El Salvador

____B____ 3. Colombia

____F____ 4. Cuba

____I____ 5. España

____E____ 6. Guatemala

____J____ 7. Nicaragua

____A____ 8. Paraguay

____H____ 9. Perú

____D____ 10. Venezuela

3 Oportunidades: el español y tu futuro

Circle the occupations where Spanish might be needed.

Todos

4 Nombres

You are reading a Spanish-language magazine and you want to find out information about its editorial staff. Look at the listing below. Then read the statements that follow to determine which are true and which are false. Write **V** for *verdadero* (true) and **F** for *falso* (false) in the space provided.

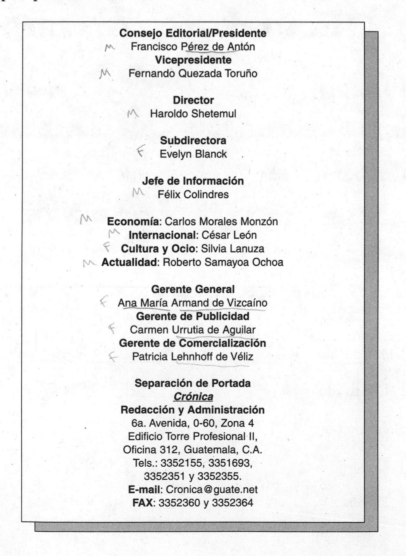

Consejo Editorial/Presidente
M Francisco Pérez de Antón
Vicepresidente
M Fernando Quezada Toruño

Director
M Haroldo Shetemul

Subdirectora
F Evelyn Blanck

Jefe de Información
M Félix Colindres

M **Economía**: Carlos Morales Monzón
M **Internacional**: César León
F **Cultura y Ocio**: Silvia Lanuza
M **Actualidad**: Roberto Samayoa Ochoa

Gerente General
F Ana María Armand de Vizcaíno
Gerente de Publicidad
F Carmen Urrutia de Aguilar
Gerente de Comercialización
F Patricia Lehnhoff de Véliz

Separación de Portada
Crónica
Redacción y Administración
6a. Avenida, 0-60, Zona 4
Edificio Torre Profesional II,
Oficina 312, Guatemala, C.A.
Tels.: 3352155, 3351693,
3352351 y 3352355.
E-mail: Cronica@guate.net
FAX: 3352360 y 3352364

_____F_____ 1. There are as many men as women working for the magazine.

_____F_____ 2. The director is a woman.

_____V_____ 3. Seven male names appear in the list.

_____F_____ 4. Most people listed have two first names.

_____F_____ 5. Most people have two last names.

5 Correo electrónico

You had prepared a list of people you were planning to e-mail, but the word-processing application on your computer has scrambled the names. Unscramble the letters and write your friends' names in the space provided.

1. L A R I P _____Pilar_____

2. C T O V Í R _____Víctor_____

3. Q L E R A U _____Raquel_____

4. Z E P A S E A R N _____Esparanza_____

5. A B N J E M N Í _____Benjamín_____

6. C E E E S M R D _____Mercedes_____

7. U N R Q I E E _____Enrique_____

8. Z O N L O E R _____Lorenzo_____

9. B A R G E I L A _____Gabriela_____

10. S I L U _____Luis_____

6 ¿De dónde eres?

You are meeting the following foreign-exchange students who have just arrived at your school. If you ask them where they are from, how would each person respond? Following the model, write their responses in the space provided.

  Antonio/Guatemala
Soy de Guatemala.

1. Sonia/México

Soy de México

2. Diego/Bolivia

Soy de Bolivia

3. Mercedes/España

Soy de España

4. Luis/la Argentina

Soy de la Argentina

5. Armando/Colombia

Soy de Colombia

6. Ana/Venezuela

Soy de Venezuela

7. Sofía/Honduras

Soy de Honduras

8. Ernesto/Chile

Soy de Chile

7 Me llamo....

You are at an international convention where many important people from the Spanish-speaking world have gathered. You introduce yourself to them and ask them where they are from. What do they say? In the space provided, write the responses in complete Spanish sentences.

 Antonio Banderas/España
Me llamo Antonio Banderas. Soy de España.

1. Sammy Sosa /República Dominica

   Me llamo Sammy Sosa. Soy de República Dominica.

2. Gabriel García Márquez /Colombia

   Me llamo Gabriel García Márquez. Soy de Colombia.

3. Rigoberta Menchú Tum /Guatemala

   Me llamo Rigoberta Menchú Tum. Soy de Guatemala.

4. Chichi Rodríguez /Puerto Rico

   Me llamo Chichi Rodríguez. Soy de Puerto Rico.

5. Fidel Castro /Cuba

   Me llamo Fidel Castro. Soy de Cuba.

6. Selma Hayek /México

   Me llamo Selma Hayek. Soy de México.

8 ¡Mucho gusto!

Ángela and Mateo meet in the school courtyard. Unscramble their dialog by numbering their statements or questions in a logical order.

__2__ 1. Me llamo Ángela. ¿Y tú?

__4__ 2. Mucho gusto, Mateo.

__6__ 3. No, soy de Bolivia. ¿Y tú?

__3__ 4. Yo me llamo Mateo.

__7__ 5. Yo soy de Argentina.

__5__ 6. ¿Eres tú de aquí?

__1__ 7. ¡Hola! ¿Cómo te llamas?

9 Más números

Write a number word to answer each math problem.

👉 1 + 1 = <u>dos</u>

1. 1 + 4 = <u>cinco</u>

2. 2 + 6 = <u>ocho</u>

3. 5 - 2 = <u>tres</u>

4. 3 + 3 = <u>seis</u>

5. 4 + 7 = <u>once</u>

6. 3 x 3 = <u>nueve</u>

7. 8 x 2 = <u>dieciséis</u>

8. 2 + 2 = <u>cuatro</u>

10 Los cognados

While reading your Spanish textbook, you came across words you didn't know but that look familiar to you. Can you guess what they mean? Match the following Spanish words to their English equivalent by writing the appropriate letter in the space provided.

<u>G</u> 1. frase

<u>F</u> 2. parte

<u>E</u> 3. nación

<u>C</u> 4. grupo

<u>J</u> 5. vocabulario

<u>I</u> 6. progreso

<u>D</u> 7. biología

<u>B</u> 8. ejemplo

<u>H</u> 9. práctica

<u>A</u> 10. cognado

A. cognate

B. example

C. group

D. biology

E. nation

F. part

G. phrase

H. practice

I. progress

J. vocabulary

 **Sopa de letras**

In the word-square find and circle ten numbers spelled out in Spanish. The words may read forward, backward, vertically, horizontally or diagonally.

D	I	O	S	D	K	L	M	L	K	Q
S	I	E	S	O	R	S	S	D	V	U
O	M	E	E	N	R	D	I	Y	K	I
P	S	I	C	L	E	H	O	E	A	N
N	U	G	S	I	W	N	D	O	T	C
T	X	T	Z	D	S	J	A	W	W	E
C	C	E	R	O	S	É	O	H	C	O
B	Y	Q	A	S	B	G	I	B	N	I
T	A	D	M	L	X	F	I	S	W	E
R	E	T	N	I	E	V	H	M	V	E
E	F	W	J	G	E	P	O	K	G	L
S	A	I	R	H	J	A	O	O	N	U

1
2
3
6
14
8
7
15
20

¿Cuántos años tienes?

You have made new friends in the school cafeteria and have just asked them their age. Following the model, write their responses in the space provided.

Gabriela/18   Tengo dieciocho años.

1. Eva/12 _Tengo doce años._

2. Armando/14 _¡Tengo catorce años._

3. Elena/16 _Tengo dieciséis años._

4. Felipe/13 _Tengo trece años._

5. Teresa/17 _Tengo diecisiete años._

6. Alejandro/15 _Tengo quince años._

Diálogo completo

Carolina and Benjamín are meeting for the first time. Fill in the blanks of their conversation below with the appropriate words or phrases. Make sure the dialog follows a logical sequence.

CAROLINA: ¡Hola!

BENJAMÍN: ¡(1) _Hola_ ! ¿(2) _Cómo te llamas_ ?

CAROLINA: Me llamo Carolina. ¿(3) _Y tú_ ?

BENJAMÍN: Me (4) _llamo Benjamín_ .

CAROLINA: Mucho gusto Benjamín.

BENJAMÍN: (5) _Mucho gusto_ . ¿(6) _De dónde eres, Carolina_ ?

CAROLINA: Soy de California ¿(7) _Y tú_ ?

BENJAMÍN: (8) _Soy de_ Alaska.

CAROLINA: ¿(9) _Cuantos años tienes, Benjamín_ ?

BENJAMÍN: Tengo (10) _dieceocho_ años. ¿(11) _Y tú_ ?

CAROLINA: (12) _Tengo menos años que tú_ .

BENJAMÍN: Hasta luego.

CAROLINA: (13) _Ciao, algo_ .

Lección 2

1 No pertenece aquí

Circle the word or expression that does not belong with the other two words or expressions in each row across.

1. ¿Cómo estás? (¿Cómo te llamas?) ¿Qué tal?

2. Regular. Bien. (cuatro)

3. (Gracias.) Mal. Muy mal.

4. ¿Qué tal? (¿Cuántos años tienes?) ¿Cómo estás?

5. Hasta luego. Adiós. (Muy bien.)

2 Saludos

Are the following expressions appropriate to greet a friend or an acquaintance? Indicate which of the following expressions are formal and which are informal. Write the letter **F** for *formal* or **I** for *informal* in the space provided.

1. __F__ ¿Cómo está Ud.?

2. __F__ Buenos días.

3. __I__ ¡Hola!

4. __I__ ¿Qué tal?

5. __F__ Buenas tardes.

6. __I__ ¿Cómo estás?

7. __F__ ¿Cómo están?

3 Tú, Ud., Uds., vosotros y vosotras

The students, faculty and staff at your school have gathered to celebrate the beginning of the new school year. How would you address the following people? Fill in the blank with the appropriate subject pronoun. Write *tú, Ud., Uds., vosotros* or *vosotras* in the space provided.

  a friend: <u>tú</u>

1. a classmate: <u>tú</u>

2. the principal at school: <u>Ud.</u>

3. the bus driver: <u>Ud.</u>

4. the parents of a classmate: <u>Uds.</u>

5. Pilar and Blanca, your friends from Spain: <u>vosotros/Uds</u>

6. your sister: <u>tú</u>

7. José and Tomás, your friends from México: <u>vosotros/Uds.</u>

4 Los apodos

You are given a list of the names of your classmates. Since you know them only by their nicknames, or *apodos*, you need to figure out who is who. Match the nickname on the right with the name on the left by writing the appropriate letter in the space provided.

1. <u>D</u> Guadalupe   A. Fina

2. <u>F</u> Francisco   B. Pepe

3. <u>B</u> José   C. Quique

4. <u>A</u> Josefina   D. Lupe

5. <u>E</u> Isabel   E. Isa

6. <u>C</u> Enrique   F. Paco

5 Saludos y despedidas

The two friends in the pictures below have just run into each other on the street. Think of what they might be saying to each other. Write the expressions that best fit the situation inside the speech bubbles. Be creative!

6 Crucigrama

Complete the following crossword puzzle with the correct spelling of the numbers provided.

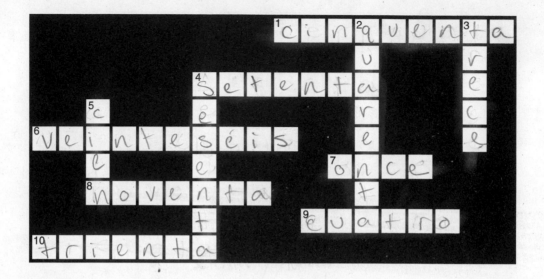

Horizontales

1. 50
4. 70
6. 26
7. 11
8. 90
9. 4
10. 30

Verticales

2. 40
3. 13
4. 60
5. 100

7 ¿Cuántos euros?

The new currency in Europe is the euro. Imagine that you have gone to the bank to exchange money and you count it to make sure you have the correct amount. How many euros do you have in each instance? Write your answer in Spanish.

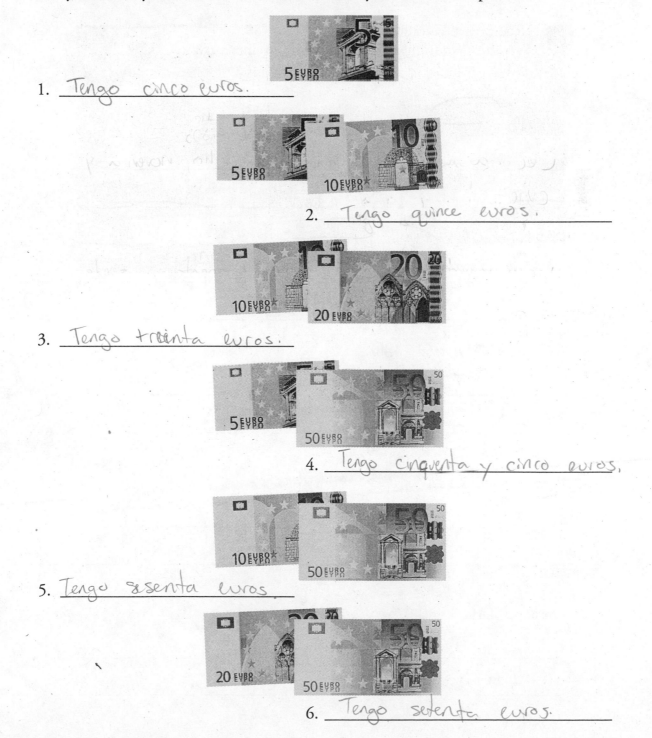

1. Tengo cinco euros.

2. Tengo quince euros.

3. Tengo treinta euros.

4. Tengo cinquenta y cinco euros.

5. Tengo sesenta euros

6. Tengo setenta euros.

Los números de teléfono

Imagine that you are at a meeting with several classmates and you are in charge of making a list of telephone numbers. Your classmates give their names and telephone numbers in turn. What do they say? Write what each person might say, following the model.

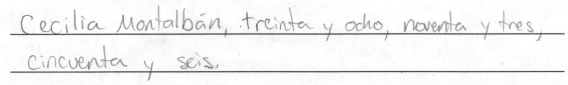

Rodríguez, Verónica/12-23-34
Verónica Rodríguez, doce, veintitrés, treinta y cuatro

1. Montalbán, Cecilia/38-93-56

   Cecilia Montalbán, treinta y ocho, noventa y tres, cincuenta y seis.

2. Pineda, José/79-47-82

   José Pineda, setenta y nueve, cuarenta y siete, ochenta y dos.

3. González, Nicanor/63-73-40

   Nicanor González, sesenta y tres, setenta y tres, cuarenta.

4. Perales, Alicia/78-24-98

   Alicia Perales, setenta y ocho, veintecuatro, noventa y ocho.

5. Herrera, María/56-36-97

   María Herrera cincuenta y seis, treinta y seis, noventa y siete.

9 ¿Qué hora es?

Each clock indicates a different time. What time is it? Look at the clocks shown and write the correct time in the space provided.

Son las once menos diez.

1. Es la una y cuarto.

2. Son las cuatro y media.

3. Son las cinco y veinte.

4. Son las nueve.

5. Son las seis y cinco.

6. Son las cuatro menos cinco.

7. Son las tres menos cuarto.

8. Son las ocho y veinte cinco

10 La mañana, la tarde y la noche

In many countries in Europe and Latin America a 24-hour clock is used instead of the 12-hour clock with the A.M. and P.M. designators. In this system, 14:00 is the same 2:00 P.M. or two o'clock in the afternoon. Following the model sentence, write out the times indicated on the clocks. Use the time expressions, *de la mañana, de la tarde, de la noche.*

☞ Son las dos de la tarde.   `14:00`

`14:25`

1. _Son las dos y veinticinco de la tarde._

`7:20`

2. _Son las siete y veinte de la mañana._

`13:00`

3. _Es la una de la tarde._

`12:00`

4. _Es mediodía._

`23:00`

5. _Son las once de la noche._

`9:15`

6. _Son las nueve y cuarto de la mañana_   y media

`8:20`

7. _Son las ocho y veinte de la mañana._

`16:00`

8. _Son las cuatro de la tarde._

La geografía y la hora

Did you know that there are different time zones throughout the world? Look at the following map showing various time zones. Can you tell which Spanish-speaking countries share the same time zone? Use the clocks at the bottom of the map to help you answer the questions.

Es mediodía en España. ¿Y en Cuba?
Son las siete de la mañana en Cuba.

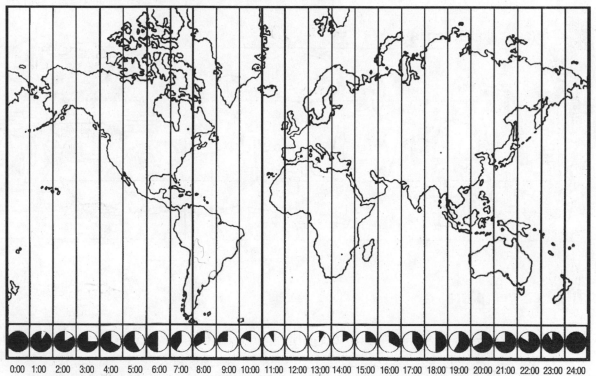

1. Es la una de la tarde en Guinea Ecuatorial. ¿Y en España?
   Es mediodía en España.

2. Son las cinco de la mañana en México, D.F. ¿Y en Bolivia?
   Son las siete de la mañana en Bolivia.

3. Son las ocho de la mañana en Argentina. ¿Y en Venezuela?
   Es el mismo.

4. Son las seis de la mañana en Guatemala. ¿Y en Uruguay?
   Son las ocho de la mañana en Uruguay.

5. Son las siete de la mañana en la República Dominicana. ¿Y en Costa Rica?
   Son las seis de la mañana en Costa Rica.

12 Por favor

It is a busy day at the supermarket. Look at the people in the drawings and imagine what you would say in each situation. Write an appropriate expression in the empty speech bubbles.

| *Por favor.* | *Con mucho gusto.* | *Lo siento.* |

1. *¡Perdón! ¡Lo siento!*

2. *Gracias, señor.*

3. *Tres de esos, por favor.*

13 Dialogo completo

Sandra and Tomás are sitting across the table from you in the school cafeteria and you overhear part of their conversation. Can you figure out the expressions you did not hear? Write them in the blank spaces of the dialog below.

SANDRA: ¡(1) Hola Tomás !

TOMÁS: ¡Hola! ¿(2) Que tal ?

SANDRA: Bien. ¿(3) Y tú ?

TOMÁS: Regular.

SANDRA: ¿(4) Que hora es ?

TOMÁS: (5) Son las dos y veinte de la tarde.

SANDRA: Hasta luego.

TOMÁS: (6) Hasta luego .

CAPÍTULO 2

Lección 3

1 ¿Qué quiere decir?

Have you noticed how many places in the southwestern United States have Spanish names? Look at the following list of place names that come from the Spanish language and try to guess what they mean. Use a Spanish-English dictionary or an encyclopedia to match the words on the left with the words on the right. Write the letter of your answer choice in the space provided.

1. __A__ California   A. a fictional island of great wealth

2. __F__ Colorado   B. big river

3. __H__ Nevada   C. humid lowlands

4. __D__ Montana   D. mountain

5. __B__ Río Grande   E. poplars (a type of tree)

6. __N__ Amarillo, TX   F. red

7. __E__ Los Álamos, NM   G. St. Anthony

8. __G__ San Antonio, TX   H. snowy

9. __I__ San Francisco, CA   I. St. Francis

10. __J__ San José, CA   J. St. Joseph

11. __M__ Pueblo, CO   K. table or hill with level top

12. __K__ Mesa, AZ   L. the pass

13. __C__ Las Vegas, NV   M. town or people

14. __L__ El Paso, TX   N. yellow

2 Geografía

You need to prepare a report for your geography class about places with Spanish names in the United States. Begin your research by locating the following states and rivers on the map provided.

California
Colorado
Colorado River
Montana
Nevada
Río Grande

1. _Colorado River_
2. _California_
3. _Río Grande_
4. _Montana_
5. _Nevada_
6. _Colorado_

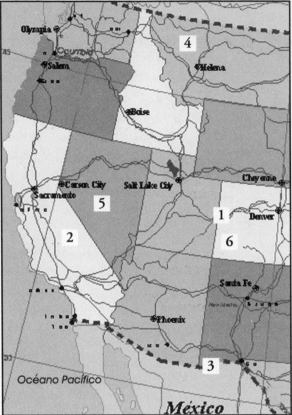

3 Tú, él, ella y yo

Your new classmate, Alejandro, is meeting Beatriz, another student, for the first time. He asks her questions about herself and some other students standing nearby. Help Alejandro and Beatriz use the appropriate subject pronouns by writing them in the spaces provided in the dialog. Some pronouns may be used more than once.

tú   él   ella   yo

ALEJANDRO: ¡Hola! ¿Cómo te llamas (1)_tú_?

BEATRIZ: (2)_Yo_ me llamo Beatriz.

ALEJANDRO: ¿Cómo se llama (3)_él_?

BEATRIZ: Se llama Ricardo.

ALEJANDRO: ¿De dónde es (4)_él_?

BEATRIZ: Es de Venezuela.

ALEJANDRO: ¿Y (5)_ella_?

BEATRIZ: Laura es de Panamá.

BEATRIZ: Y (6)_tú_, ¿cómo te llamas?

ALEJANDRO: (7)_Yo_ me llamo Alejandro.

4 Hablando por teléfono

Fernando is talking on the telephone. Apparently, the person with whom he is speaking wants to know about classes, teachers, and the other students at Fernando's school. Complete what Fernando is saying during the conversation with the appropriate forms of the verb *ser*.

1. Hola, Carla. Yo ___soy___ Fernando.

2. Sí, Graciela y yo ___somos___ estudiantes de la profesora Cifuentes.

3. Mi amigo se llama Jorge. Él ___es___ de Nicaragua.

4. Los amigos de Jorge ___so___ de Chile.

5. Yo ___soy___ de Los Ángeles.

6. Mi padre ___es___ de Venezuela.

7. Los profesores de español no ___son___ de aquí.

8. Ellos ___son___ de México.

9. Y tú, ¿de dónde ___eres___ ?

10. ¿ ___Eres___ tú una estudiante nueva?

5 ¿Cómo se llama y de dónde es?

Look at the map that follows and tell where each person is from?

   Nicolás es de Managua, Nicaragua.

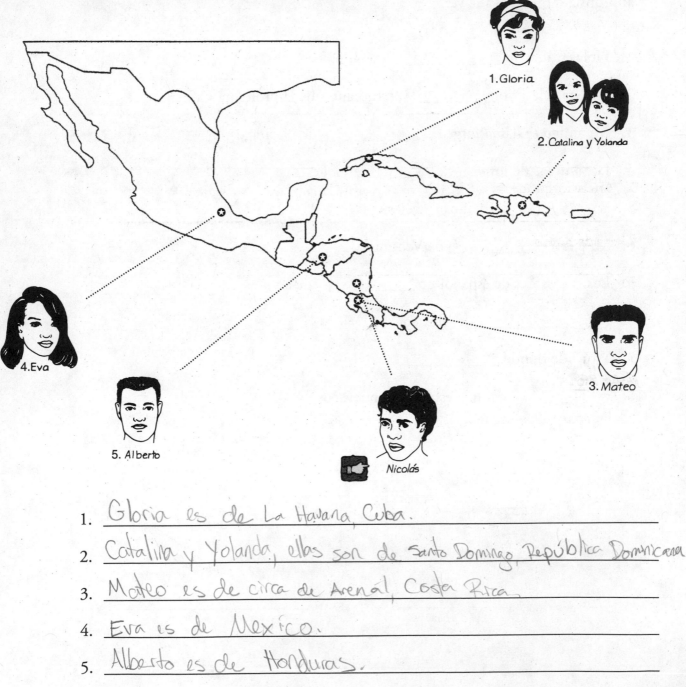

1. Gloria
2. Catalina y Yolanda
3. Mateo
4. Eva
5. Alberto
Nicolás

1. Gloria es de La Havana, Cuba.

2. Catalina y Yolanda, ellas son de Santo Domingo, República Dominicana

3. Mateo es de circa de Arenál, Costa Rica

4. Eva es de México.

5. Alberto es de Honduras.

Personas famosas

While playing a trivia game with some of your classmates, you have drew cards with the names of several famous people. Use the Internet or the library to find out where they are from.

 Celia Cruz
Es de Cuba.

República Dominicana
Cuba   México   España
Panamá   Chile   COLOMBIA

1. Pablo Picasso
   Es de España

2. Gabriel García Márquez
   Es de Colombia

3. Antonio Banderas
   Es de España

4. Frida Kahlo

   _____

5. Isabel Allende
   Es de Chile

7 **¿Qué es?**

Look at the following illustrations and write complete sentences to identify each object. Be sure to include the appropriate definite article in the space provided.

   Es el cesto de papeles.

1. _Es la puerta._   3. _Es la tiza._

2. _Es la silla._   4. _Es el lapíz._

8 En la clase

It is your first day at a new school and you meet the new students in your class. Since you do not know their names, identify them by the objects they are holding. Follow the model.

   Rosario
La estudiante con el lápiz se llama Rosario.

1. Federico

El chico con la revista se llama Frederico. se llama Federico

5. Andrés

El chico con el cuaderno se llama Andrés.

2. Carla

La chica con el mochillo se llama Carla.

6. Josefina

La chica en la silla con un libro se llama Josefina. llama Josefina

3. Tomás

El chico con el libro se llama Tomás.

7. Esteban

El chico con la regla se llama Esteban. llama Esteban

4. Gabriela

La chica con el periodico se llama Gabriela.

8. Virginia

La chica con el papel se llama Virginia. llama Virginia

9 Masculino o femenino

Find and circle the word in each row that does not match the gender of the others.

1. amiga   puerta   (señor)

2. (silla)   chico   pupitre

3. (revista)   libro   mapa

4. (mochila)   cesto de papeles profesor

5. sacapuntas   lápiz   (página)

6. (puerta)   (bolígrafo)   ventana

10 Las computadoras

Skim the article to find out what it says and then find 10 nouns and circle them.

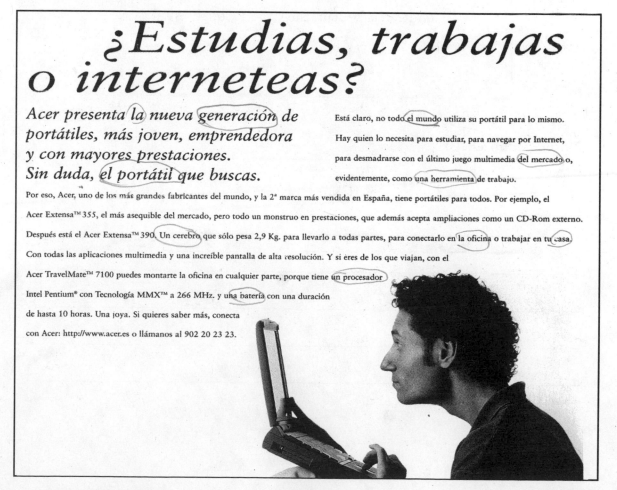

¿Estudias, trabajas o interneteas?

Acer presenta la nueva generación de portátiles, más joven, emprendedora y con mayores prestaciones.
Sin duda, el portátil que buscas.

Está claro, no todo el mundo utiliza su portátil para lo mismo.

Hay quien lo necesita para estudiar, para navegar por Internet, para desmadrarse con el último juego multimedia del mercado o, evidentemente, como una herramienta de trabajo.

Por eso, Acer, uno de los más grandes fabricantes del mundo, y la 2ª marca más vendida en España, tiene portátiles para todos. Por ejemplo, el Acer Extensa™ 355, el más asequible del mercado, pero todo un monstruo en prestaciones, que además acepta ampliaciones como un CD-Rom externo. Después está el Acer Extensa™ 390. Un cerebro que sólo pesa 2,9 Kg. para llevarlo a todas partes, para conectarlo en la oficina o trabajar en tu casa. Con todas las aplicaciones multimedia y una increíble pantalla de alta resolución. Y si eres de los que viajan, con el Acer TravelMate™ 7100 puedes montarte la oficina en cualquier parte, porque tiene un procesador Intel Pentium® con Tecnología MMX™ a 266 MHz. y una batería con una duración de hasta 10 horas. Una joya. Si quieres saber más, conecta con Acer: http://www.acer.es o llámanos al 902 20 23 23.

11 No, no, no

Imagine you have received an e-mail by mistake. After reading the message you realize it is not for you. Using negative responses, write out the answers to each question for the e-mail you received. The first statement has been done for you.

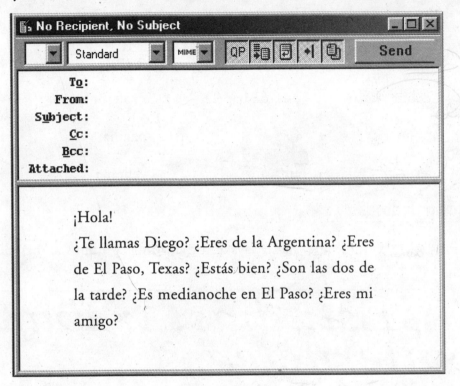

No Recipient, No Subject

| | Standard | MIME | QP | | | | | Send |

To:
From:
Subject:
Cc:
Bcc:
Attached:

¡Hola!

¿Te llamas Diego? ¿Eres de la Argentina? ¿Eres de El Paso, Texas? ¿Estás bien? ¿Son las dos de la tarde? ¿Es medianoche en El Paso? ¿Eres mi amigo?

No me llamo Diego.

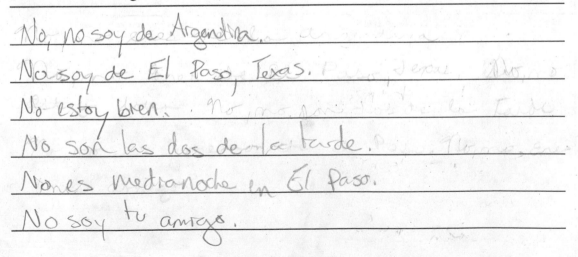

No, no soy de Argentina.

No soy de El Paso, Texas.

No estoy bien.

No son las dos de la tarde.

No es medianoche en El Paso.

No soy tu amigo.

12 Plurales

Look at the illustration and write complete sentences to identify the numbered objects. Make sure to include the appropriate definite article for each object.

 Son los cuadernos.

1. Son los lapices.

2. Son los boligrafos.

3. Son los libros.

4. Son los borradors.

5. Son los papeles.

6. Son las reglas.

7. Son las revistas.

13 Lista de objetos

Make an inventory of the objects in your classroom and write a list in the space provided. Be sure to include the appropriate indefinite articles. The first one has been done for you.

Lista de objetos

Hay una pizarra.	Hay unos lápices.
Hay unas sillas.	Hay unos bolígrafos.
Hay una puerta.	No hay estudiantes.
Hay unas ventanas.	Hay una computadora.
Hay una mochila.	Hay unos luces.
No hay un escritorio.	Hay unos libros.
No hay un sacapuntas.	Hay un cuaderno.
Hay un cesto de papeles.	Hay unos papeles.
Hay unas bolsas.	No hay una pizarra blanca.

Lección 4

1 El horario de clases

Complete Juan's class schedule with the correct class for each time and day of the week. Use the information given below.

	LUNES	MARTES	MIÉRCOLES	JUEVES	VIERNES
8:15	historia				→
9:05	matemáticas				→
9:55	biología				→
10:45	inglés	inglés	biología	inglés	inglés
11:35	computación				→
12:25	almuerzo				→
1:15	español				→
2:05	música	→		arte	→

1. La clase de computación de Juan es de lunes a viernes a las once y treinta y cinco de la mañana.
2. Hay almuerzo de lunes a viernes a las doce y veinticinco de la tarde.
3. Hay clase de español de lunes a viernes a la una y cuarto de la tarde.
4. Hay clase de biología de lunes a viernes a las nueve y cincuenta y cinco de la mañana.
5. Tambien hay clase de biología los miércoles a las diez y cuarenta y cinco de la mañana.
6. La clase de historia de Juan es a las ocho y quince de la mañana de lunes a viernes.
7. Hay clase de música a las dos y cinco de la tarde los lunes, martes y miércoles.
8. Hay clase de inglés los lunes, martes, jueves y viernes a las once menos cuarto de la mañana.
9. La clase de arte de Juan es a las dos y cinco de la tarde los jueves y viernes.
10. Hay clase de matemáticas a las nueve y cinco de la mañana de lunes a viernes.

Sopa de letras

Circle in the word-square puzzle seven names of colors. The words may appear forward, backward, horizontally, vertically or diagonally.

```
O   C   L   F   É   Z   E   D   A   Z   W
J   W   S   V   U   D   O   S   R   O   E
O   T   N   O   R   E   T   B   O   S   I
R   O   P   E   L   N   V   L   D   B   O
A   R   V   U   G   R   I   S   A   L   L
R   A   R   T   I   R   N   J   E   A   L
O   P   D   G   A   H   O   D   O   N   I
S   E   O   M   J   I   T   C   R   C   R
A   N   K   R   A   N   J   A   E   O   A
D   X   Z   K   Y   Q   I   N   E   G   M
O   L   S   A   Z   U   L   U   S   T   A
```

32   Lección 4

3 ¿De quién es?

Imagine that you are responsible for the lost-and-found box at your school, and the following items have been found. Follow the model to determine who owns each item.

la mochila   el libro   el cuaderno   el mapa   el bolígrafo
la revista   el reloj   el sacapuntas   la regla

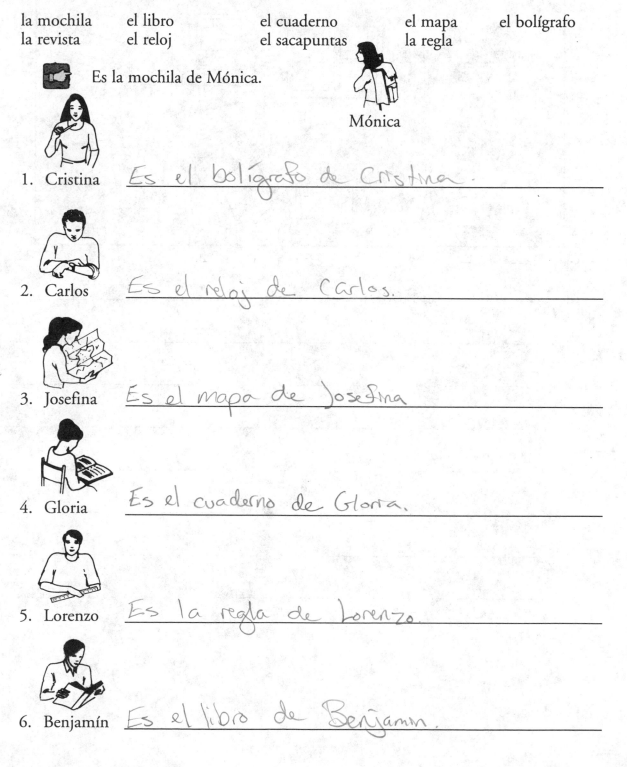

Es la mochila de Mónica.

Mónica

1. Cristina   _Es el bolígrafo de Cristina._

2. Carlos   _Es el reloj de Carlos._

3. Josefina   _Es el mapa de Josefina_

4. Gloria   _Es el cuaderno de Gloria._

5. Lorenzo   _Es la regla de Lorenzo._

6. Benjamín   _Es el libro de Benjamín._

4 Hay una silla verde

Make a list of the objects shown in the box. Then find them in your classroom and state what color they are.

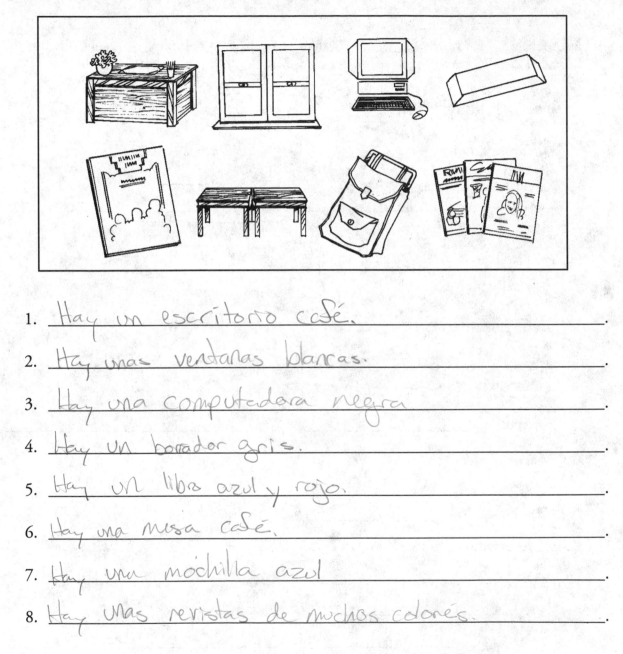

1. Hay un escritorio café. _____ .

2. Hay unas ventanas blancas. _____ .

3. Hay una computadora negra _____ .

4. Hay un borrador gris. _____ .

5. Hay un libro azul y rojo. _____ .

6. Hay una mesa café. _____ .

7. Hay una mochilla azul _____ .

8. Hay unas revistas de muchos colores. _____ .

5 ¿Qué hacen ellos?

Write the appropriate form of the verb that best completes each sentence.

estudiar   hablar   terminar   necesitar

1. Carmen _____estudia_____ matemáticas.

2. Yo _____necesito_____ un lápiz nuevo.

3. La señorita Martínez _____habla_____ español muy bien.

4. Los estudiantes _____necesitan_____ los libros de historia.

5. La clase de Graciela _____termina_____ a las ocho.

6. Juan y yo _____hablamos_____ con el profesor Fernández.

7. ¿Cuándo _____necesitas_____ el libro de Carlos Fuentes?

8. Pepe y Jaime _____estudian_____ computación.

6 ¿Cuándo estudias?

Complete the following dialog with the appropriate form of *estudiar* when referring to studying or with *a las* when referring to the time.

RAÚL: Hola.

TÚ: Hola. ¿Cómo estás?

RAÚL: Estoy bien. Tengo muchas clases.

TÚ: ¿Cuándo (1) _____estudias_____ tú?

RAÚL: Yo estudio a las nueve de la noche. ¿Y tú?

TÚ: Yo (2) _____estudio_____ a las siete y media y mi hermana

(3) _____estudia a las_____ ocho. Ella y sus amigas

(4) _____estudian_____ biología.

RAÚL: ¿A qué hora (5) _____estudias_____ tú español?

TÚ: Yo estudio (6) _____español a las_____ ocho de la noche.

RAÚL: ¿A qué hora terminas de (7) _____estudiar_____?

TÚ: A las nueve de la noche.

7 Las calificaciones

A friend of yours would like to apply to a school in Mexico and has asked you to translate her school records to Spanish. You have the grades as percentages and you wish to convert them to the grading scale used in many Spanish-speaking countries (shown in this chart). Write the letter of your choice in the space provided. Note: Some grade assignations may be repeated.

__S__   1. 100% en historia

__D__   2. 40% en inglés

__B__   3. 60% en computación

__B__   4. 70% en español

__S__   5. 100% en música

__MB__   6. 80% en matemáticas

__EX__   7. 90% en biología

__NM__   8. 50% en arte

CALIFICACIONES		
S	Superior	10
EX	Excelente	9
MB	Muy Bueno	8
B	Bueno	7-6
NM	Necesita mejorar	5
D	Deficiente	4-0

8 ¿Dónde está?

Practice your geography skills in Spanish and write questions and answers using the correct form of *estar*. You may use an atlas or the Internet for help.

> Amarillo y San Ángelo
> Amarillo y San Ángelo están en Texas.

1. Los Álamos y Las Cruces
    Los Álamos y Las Cruces están en los Estados Unidos. Nuevo Mexico

2. Mesa
    La Mesa está en Arizona.

3. San Antonio, El Paso y Del Río
    San Antonio, El Paso y Del Río están en Texás

4. Santa Fe
    Santa Fe está en Nuevo Mexico

5. San Francisco, Los Ángeles y Sacramento

   San Francisco, Los Angeles y Sacramento están en California.

6. Las Vegas

   Las Vegas está en Nevada.

7. Pueblo

   Pueblo está en Colorado

9 En la clase de computación

Send an e-mail to a friend in Spain. Complete the message (*mensaje*) using the appropriate words from the list below.

> necesitas   **estás**   *ESTOY*   terminas
> **termina**   están   necesito   estamos

No Recipient, No Subject   _ □ ✕

▾ | Standard ▾ | MIME ▾ | QP 📋 📋 📋 📋 | **Send**

To:
From:
Subject:
Cc:
Bcc:
Attached:

¡Hola!

Yo (1) *estoy* en la clase de computación. Mis amigos

(2) *están* en la clase de español. ¿Cómo (3) *estás*

tú? Nosotros (4) *estamos* muy bien. La clase

(5) *termina* en treinta minutos

y yo (6) *necesito* terminar el mensaje. ¿A qué hora

(7) *terminas* con tus clases? ¿(8) *necesitas* estudiar mucho?

10 En mi clase de español

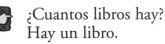

Look at the illustration of a computer class below and answer the questions that follow.

👉 ¿Cuantos libros hay?
Hay un libro.

1. ¿Cuántos estudiantes hay?
   Hay tres estudiantes.

2. ¿Cuántas computadoras hay?
   Hay dos computadoras.

3. ¿Cuántos profesores hay?
   Hay uno profesor.

4. ¿Dónde está el reloj?
   El reloj está en la pared.

5. ¿Hay un ratón?
   Si, hay un ratón

6. ¿Cuántos diskettes hay en el escritorio?
   Hay tres diskettes en el escritorio.

11 En el Internet

While surfing the Internet you have found the Web page of a technical institute that carries out safety research on cars. Skim this page and circle the words in the text that refer to color. Then answer the questions.

Netscape América Latina - Netscape

Archivo   Edición   Ver   Ir   Ventana   Ayuda

Anterior   Siguiente   Recargar   Inicio   Buscar   Guía   Imprimir   Seguridad   Parar

Imprimir esta página

Marcadores   Netsite: WWW

Internet   Buscar   Novedades inter

Coches: los colores más seguros

Europa en rojo

COLORES PREFERIDOS EN EUROPA (%)	ROJO	NEGRO	AZUL	BLANCO	VERDE	PLATA
BÉLGICA	12	10	11	6	7	7
FRANCIA	11	13	6	11	7	6
ALEMANIA	16	13	11	5	3	5
HOLANDA	18	10	9	2	6	2
ITALIA	17	13	11	12	6	8
PORTUGAL	32	17	7	10	5	12
ESPAÑA	21	9	8	21	4	6
SUIZA	11	6	8	6	2	3
INGLATERRA	18	11	17	8	10	4
GRECIA	23	22	10	18	4	4
PROMEDIO	17	12	10	9	6	6

Fuente: Car & Driver, febrero

Para los europeos, el color representa un 1% en su escala de valores a la hora de elegir un vehículo, y su diseño es tenido en cuenta en un 4%. El rojo es el preferido por el 17% de los usuarios, mientras que el verde y el plateado son los menos seleccionados.

Imprimir esta página

1. What is the favorite color in Belgium ?

   _Rojo_____

2. What color do people in France prefer?

   _Negro_____

3. What are the two favorite colors in Spain?

   _Rojo y Blanco_____

4. What color do people in England prefer?

   _Rojo._____

12 El reportaje

A reporter for a teen magazine is interviewing students. Answer his personal questions using complete sentences.

1. ¿Cómo te llamas?

   Me llamo Reom

2. ¿Cuál es tu número de teléfono?

   Me número de teléfono es ocho, cuarenta y nueve, seisenta y ocho, cincuenta y siete.

3. ¿Cómo se llama tu colegio?

   Se llama mi colegio Bellows Free Academy en Fairfax.

4. ¿Cuántas clases hay en tu horario?

   No hay clases en mi horario.

5. ¿Qué clases tienes los lunes?

   Túvé cuatro clases los lunes

6. ¿Qué días tienes clases de español?

   Tuve clases de español cada día en el colegio.

7. ¿De qué color son las paredes de tu clase?

   Las paredes de mi clase son blancas.

CAPÍTULO 3

Lección 5

🖋 1 Crucigrama

Complete the following crossword puzzle with the expressions you have learned for introducing people in Spanish.

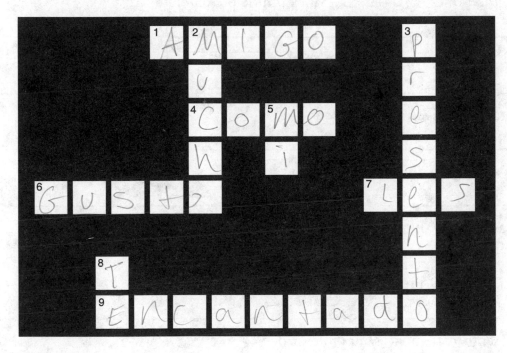

Horizontales
1. Te presento a mi _ , Juan.
4. ¿_ estás?
6. Mucho _.
7. _ presento al Sr. Cerezo.
9. _ ,Sr. Cerezo.

Verticales
2. _ gusto.
3. Les _ a mi profesor de español.
5. Te presento a _ amiga, Paula.
8. _ presento a mi amigo, Manuel.

En la fiesta

You are hosting a Spanish club party at your house. In order to find out how to introduce people to one another, unscramble and write out these sentences.

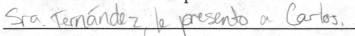 a/mi amiga/te/presento
Te presento a mi amiga.

1. Carlos/a/Sra. Fernández/le presento

   Sra. Fernández, le presento a Carlos.

2. español/de/profesora/la señorita/Santini/mi/le presento/a

   Le presento a la señorita Santini, mi profesora de español.

3. Sandra/les presento/a/mi/amiga

   Les presento a mi amiga Sandra.

4. presento/a/la amiga/te/Antonio/de

   Te presento a la amiga de Antonio.

5. a/les/Josefina/presento/Sr. y Sra Carranza

   Sr. y Sra. Carranza, les presento a Josefina.

6. te/mi/presento/a/amigo

   Te presento a mi amiga.

7. a/el Sr. Vallejo/les/presento/mi profesor

   Les presento a mi profesor, el Sr. Vallejo.

8. a/le presento/matemáticas/mi profesor/de

   Le presento a mi profesor de matemáticas.

3 Otras presentaciones

Several new people have arrived to the party and you wish to introduce them. Fill in the blanks with *a, a la, al, de, de la* or *del.*

  Rogelio, te presento <u>a la</u> amiga de Margarita.

1. Carmen, te presento ___al___ profesor de Juan Carlos.

2. Le presento a doña Lola, la amiga ___del___ señor Buñuel.

3. Les presento a la amiga ___de___ doña Lola.

4. Le presento ___a la___ amiga de mi profesora.

5. Les presento ___al___ señor Valverde, mi profesor de computación.

6. Te presento ___a la___ amiga de Carlota.

7. Sr. y Sra. Vargas, les presento ___a la___ profesora de música.

8. Te presento ___a___ Margarita, la amiga ___del___ estudiante nuevo.

4 Presentaciones

Look at the following drawing. Catalina is introducing a new student named Isabel to the teacher, Srta. Corinto. Complete the dialog with the appropriate expressions.

5 Buscando información en el Internet

You are planning a trip to Mexico City and you have found a Web page that gives you information about cultural events in that city. Skim the information provided on the site and write answers to the following questions.

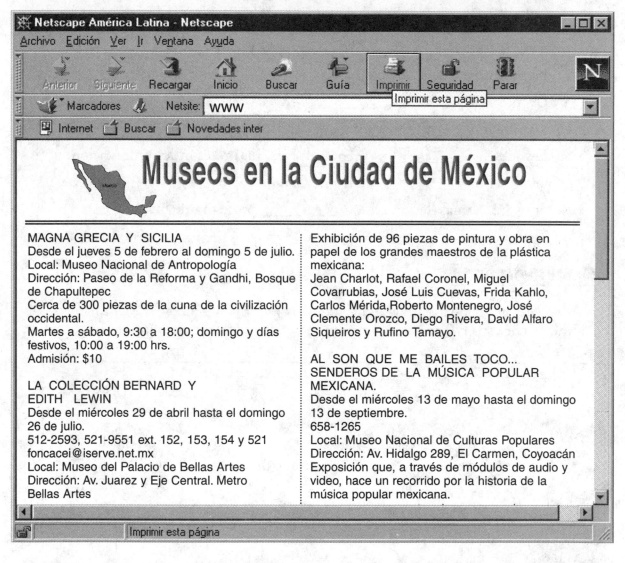

Museos en la Ciudad de México

MAGNA GRECIA Y SICILIA
Desde el jueves 5 de febrero al domingo 5 de julio.
Local: Museo Nacional de Antropología
Dirección: Paseo de la Reforma y Gandhi, Bosque de Chapultepec
Cerca de 300 piezas de la cuna de la civilización occidental.
Martes a sábado, 9:30 a 18:00; domingo y días festivos, 10:00 a 19:00 hrs.
Admisión: $10

LA COLECCIÓN BERNARD Y EDITH LEWIN
Desde el miércoles 29 de abril hasta el domingo 26 de julio.
512-2593, 521-9551 ext. 152, 153, 154 y 521
foncacei@iserve.net.mx
Local: Museo del Palacio de Bellas Artes
Dirección: Av. Juarez y Eje Central. Metro Bellas Artes

Exhibición de 96 piezas de pintura y obra en papel de los grandes maestros de la plástica mexicana:
Jean Charlot, Rafael Coronel, Miguel Covarrubias, José Luis Cuevas, Frida Kahlo, Carlos Mérida, Roberto Montenegro, José Clemente Orozco, Diego Rivera, David Alfaro Siqueiros y Rufino Tamayo.

AL SON QUE ME BAILES TOCO...
SENDEROS DE LA MÚSICA POPULAR MEXICANA.
Desde el miércoles 13 de mayo hasta el domingo 13 de septiembre.
658-1265
Local: Museo Nacional de Culturas Populares
Dirección: Av. Hidalgo 289, El Carmen, Coyoacán
Exposición que, a través de módulos de audio y video, hace un recorrido por la historia de la música popular mexicana.

1. Where would you go if you wanted to see art by Frida Kahlo?

   Lo está en la coleccion de Bernard y Edith Lewin.

2. What is the name of that exhibit?

   es an Museo del Palacio de Bellas Artes

3. What dates is it open?

   Desde 29 de abril hasta 26 de julio.

4. What exhibit is held at the Museo Nacional de Antropología?

El exhibicion Magna Greca y Sicilia.

5. Where is the Museo Nacional de Antropología?

Es en el Paseo de la Reforma y Gandhi, en el Bosque de Chapultepec.

6. Where would you go to find out about popular Mexican music?

Al museo nacional de cultures populares.

7. What is the telephone number of the Museo Nacional de Culturas Populares?

_6-58-12-56_

8. What is the name of the exhibit at the Museo Nacional de Culturas Populares?

Al son que me bailes Toco... senderos de la musica popular Mexicana.

6 ¿Van a la fiesta?

There is a party at school next week and you overhear two students talking about it. What are they saying? Match the questions to the corresponding answers.

___E___ 1. ¿Va el chico nuevo a la fiesta?

___D___ 2. ¿Va doña Justina a la fiesta?

___C___ 3. ¿Va Jorge a la fiesta?

___B___ 4. ¿Es grande la fiesta?

___F___ 5. ¿Va Josefina a la fiesta?

___G___ 6. ¿Vamos a la fiesta?

___H___ 7. ¿Van tus amigos a la fiesta?

___A___ 8. ¿Es a las ocho la fiesta?

A. No, la fiesta no es a las ocho. Es a las siete.

B. Sí, la fiesta es grande.

C. Sí, Jorge va a la fiesta.

D. Sí, doña Justina va a la fiesta.

E. Sí, el chico nuevo va a la fiesta.

F. No, Josefina no va.

G. Sí, claro. ¡Vamos!

H. Sí, mis amigos van a la fiesta.

7 La fiesta del club

You are an assistant at the local public radio station and you have been assigned to interview the Spanish club president about a party the club has organized at the high school. Look at the advertisement and write questions about the party for your interview. Use the answers provided to help you to write the appropriate question for each answer.

Advertisement:

el sábado 13 de marzo

¡Gran Fiesta Estudiantil!

En el gimnasio del Colegio Los Delfines.

¡A Bailar con la música del grupo musical

¡Los Van y Vienen!

Costo: $20 por pareja

De las 18:00 a las 22:00 horas.

Para más información llamar al Tel. 555-1234

Sólo se admiten estudiantes del Colegio Los Delfines y sus invitados.

---

1. ¿Cuál día es la fiesta estudiantil?

   _____

   Es el sábado, 13 de marzo.

2. ¿Dónde está la fiesta?

   _____

   Es en el gimnasio del Colegio Los Delfines.

3. ¿A que hora es la fiesta?

   _____

   Es a las 18:00.

4. ¿Cómo se llama el grupo de música que va a tocar?

   El grupo de música se llama ¡Los Van y Vienen!

5. ¿Que es el número de telephono para más información?

   El número de teléfono es el 555-1234.

6. ¿Qien va a ir a la fiesta?

   _____

   Sólo van estudiantes del Colegio Los Delfines y sus invitados.

8 ¿Por qué no van a la fiesta?

Hernán has received a note from Esteban and Carolina saying that they cannot go to the party. Read their note to find out why they cannot attend. Rain has smudged the writing on the paper, and words are missing. To help Hernán understand the note, fill in the blanks with the correct forms of the verb *ir*.

¡Hola!

Nosotros no (1) _vamos_ a la fiesta. Carolina no

(2) _va_ porque (3) _va_ al cine con

María. Yo no (4) _voy_ tampoco porque

(5) _vamos_ a México con el profesor

Gómez. Nosotros (6) _vamos_ a Monterrey. Jorge y Sara,

los estudiantes nuevos, sí

(7) _van_ porque ellos tienen transporte. ¿Y tú?

¿ (8) _vas_ a la fiesta?

Hasta luego.

Carolina y Esteban

9 ¿Adónde van?

You meet a number of people going to different places. Write complete sentences using the correct form of the verb *ir*, to tell where each person is going.

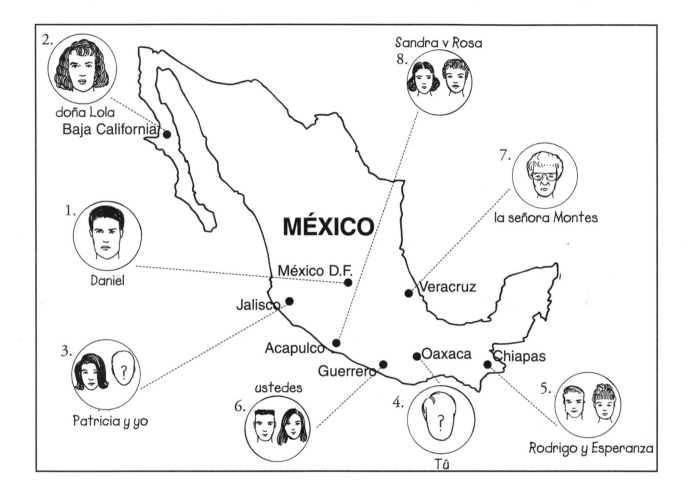

1. Daniel

    Daniel va a México D.F.

2. doña Lola

    Doña Lola va a Baja California.

3. Patricia y yo

    Patricia y yo vamos a Jalisco.

4. tú

    Tú vas a Oaxaca.

5. Rodrigo y Esperanza

Rodrigo y Esperanza van a Chiapas

6. ustedes

Ustedes van a Guerrero.

7. la señora Montes

La señora Montes va a Veracruz.

8. Sandra y Rosa

Sandra y Rosa van a Acapulco.

10 **¿Adónde va?**

Where are the following people going? Read the following phrases in English on the left and then match them with the appropriate phrases in Spanish on the right. Write the correct letter in the space provided.

_A_ 1. Diego needs to check out a book.   A. Va a la biblioteca.

_E_ 2. Don Gustavo needs to cash a check.   B. Va a la cafetería.

_F_ 3. Elisa wants to watch a movie.   C. Va a la escuela.

_H_ 4. Eva feels ill.   D. Va a la oficina.

_G_ 5. Luis has a bad tooth.   E. Va al banco.

_B_ 6. Paula is hungry.   F. Va al cine.

_C_ 7. Profesora Serrano teaches Spanish.   G. Va al dentista.

_I_ 8. Raquel wants to have a picnic.   H. Va al médico.

_D_ 9. Señor Ramírez has to go to work.   I. Va al parque.

11 ¿Adónde van a ir mañana?

Where are you and your friends going tomorrow? Combine words from the three columns to form complete sentences in Spanish. Add any necessary words and make changes as needed.

 Mis amigos van a ir al dentista a las tres de la tarde.

Amalia	biblioteca	3:00 P.M.
El chico nuevo	cine	5:30 P.M.
Isabel y yo	médico	11:00 A.M.
mi amiga	banco	10:15 P.M.
Raúl y Esperanza	restaurante	7:00 P.M.
tú	dentista	8:00 P.M.
Tú y Verónica	parque	12.00 P.M.

Amalia va al banco a las mediodia.

El chico nuevo va al cine a las ocho de la noche.

Isabel y yo vamos a la restaurante a las cinco y media.

Mi amiga va a la dentista a las once de la mañana.

Raúl y Esperanza van a la biblioteca a las tres de la tarde.

¡Tú vas al médico ahora mismo!

Tú y Verónica van al parque a las tres de la tarde.

Amalia va a la biblioteca a las diez y quince de la noche

Tú vas al restaurante a las siete de la noche.

12 **¿Cómo van a la escuela?**

Look at the drawing and write how these people get to school every morning.

 Yo voy en metro.

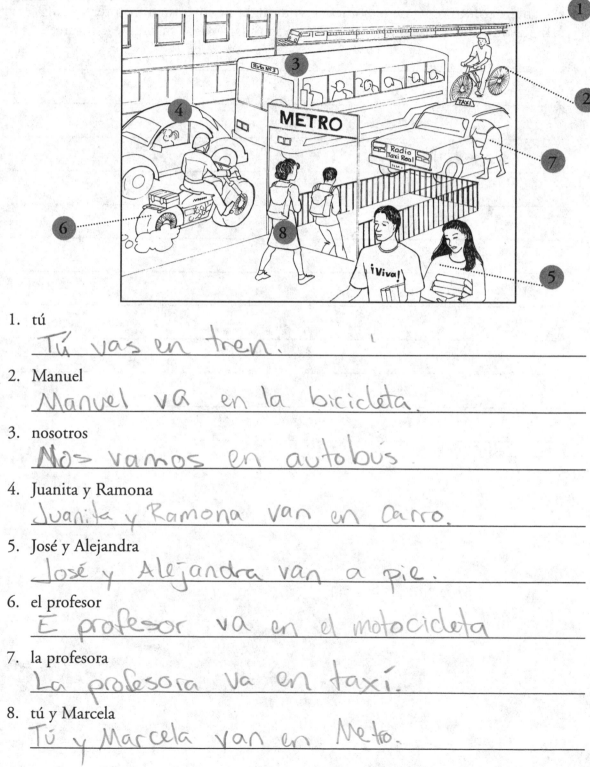

1. tú

   Tú vas en tren.

2. Manuel

   Manuel va en la bicicleta.

3. nosotros

   Nos vamos en autobús

4. Juanita y Ramona

   Juanita y Ramona van en carro.

5. José y Alejandra

   José y Alejandra van a pie.

6. el profesor

   El profesor va en el motocicleta

7. la profesora

   La profesora va en taxi.

8. tú y Marcela

   Tú y Marcela van en Metro.

13 Una entrevista

As a journalist you are given the opportunity to interview a famous celebrity from Mexico (Luis Miguel, Selma Hayek, Ricardo Montalbán, etc.). Your boss gives you one hour to write at least eight questions for the interview. What would you ask? Search the Internet for the name of someone you might be interested in interviewing. Try to ask personal questions about what the person plans to do in the near future.

_____

_____

_____

_____

_____

_____

_____

_____

_____

_____

_____

_____

Lección 6

1 En la zona centro de México, D.F.

You have just returned from Mexico City and you are showing a friend some photographs you took during your trip. Identify what is shown in each photograph.

☞ Es una avenida.

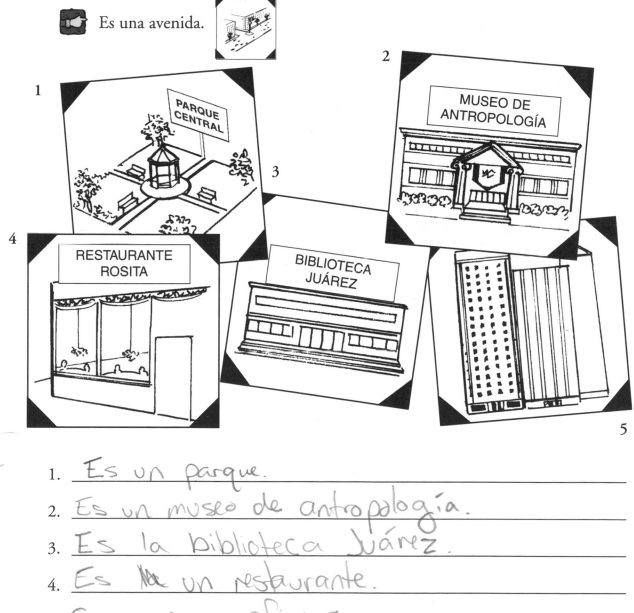

1. Es un parque.
2. Es un museo de antropología.
3. Es la biblioteca Juárez.
4. Es un restaurante.
5. Son unas oficinas.

2 ¿Adónde van en la Ciudad de México?

As a tour guide in Mexico City, you need to confirm what everybody wants to do on their day off. Restate what each person will be doing at a given time and ask your assistant for confirmation.

Victoria/el Palacio de Bellas Artes/9:15 A.M.
Victoria va a ir al Palacio de Bellas Artes a las nueve y cuarto de la mañana, ¿verdad?

1. el profesor Bonilla/el Parque Chapultepec/3:00 P.M.

El profesor Bonilla va a ir al Parque Chapultepec a las tres de la tarde, ¿verdad?

2. Lorenzo y Pepita/la Plaza de las Tres Culturas/1:00 P.M.

Lorenzo y Pepita van a ir a la Plaza de las Tres Culturas a la una de la tarde, ¿verdad?

3. tú/el Museo de Antropología/10:00 A.M.

Tú vas a ir al Museo de Antropología a las diez de la mañana

4. yo/el Teatro Orfeón/8:00 P.M.

Yo voy a ir al Teatro Orfeón a las ocho de la noche.

5. Eva/el Monumento a la Independencia/12:30 P.M.

Eva va a ir al Monumento a la Independencia a las doce y media de la tarde.

6. Elena/Coyoacán/2:45 P.M.

Elena va a ir a Coyoacán a las tres menos quince de la tarde.

3 **¿Qué vamos a hacer?**

Tell what the following people are going to do today according to the illustrations. Use the verbs from the list to write complete sentences in the space provided.

Ernesto
Ernesto va a ir al teatro.

ir **comer** caminar hablar **necesitar**

1. Carmen

Carmen va a ir al cine.

2. Javier

Javier va a comer la cena.

3. Pedro

Pedro va a caminar.

4. Esperanza y su amiga

Ellas van a hablar.

5. Rodrigo

Rodrigo va a necesitar el sacapuntas.

6. Marta

Marta va a ir al museo.

4 La comida

Look at the following list of words related to food. As you read across the rows there are two things that belong and one that does not. Find the one that does not belong and circle it.

1.	frijoles	pescado	(ver)
2.	(museo)	ensalada	jugo
3.	agua mineral	(teatro)	refresco
4.	naranja	(concierto)	frijoles
5.	(plaza)	menú	mesero
6.	(avenida)	ensalada	pollo
7.	refresco	agua	(comida)
8.	pollo	pescado	(menú)

5 Sopa de letras

In the word-square find and circle ten items commonly found on a dinner table. The words may red forward, backward, horizontally, vertically or diagonally.

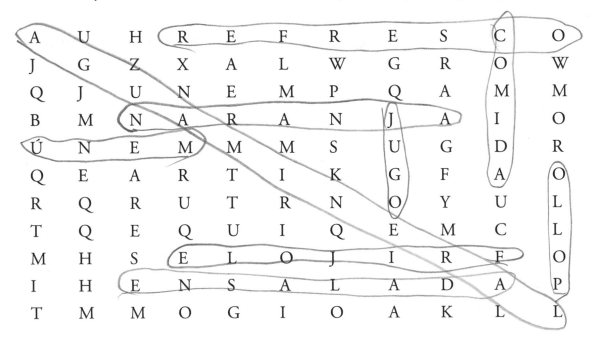

```
A  U  H  R  E  F  R  E  S  C  O
J  G  Z  X  A  L  W  G  R  O  W
Q  J  U  N  E  M  P  Q  A  M  M
B  M  N  A  R  A  N  J  A  I  O
Ú  N  E  M  M  M  S  U  G  D  R
Q  E  A  R  T  I  K  G  F  A  O
R  Q  R  U  T  R  N  O  Y  U  L
T  Q  E  Q  U  I  Q  E  M  C  L
M  H  S  E  L  O  J  I  R  F  O
I  H  E  N  S  A  L  A  D  A  P
T  M  M  O  G  I  O  A  K  L  L
```

6 Menú

At a restaurant in Mexico, one of your friends is having a difficult time deciding what to eat because every time he orders, you suggest an alternative dish.

> Voy a comer frijoles.
> ¿Por qué no comes mole poblano?

1. Voy a comer ensalada de tomate.

   ¿Por qué no comes tacos de pollo?

2. Vamos a tomar agua mineral.

   ¿Por qué no tomas jugo de naranja?

3. Voy a comer quesadillas.

   ¿Por qué no comes enchiladas?

4. Voy a comer tortillas y frijoles.

   ¿Por qué no comes tamales?

5. Voy a comer tacos de pollo.

   ¿Por qué no comes arroz con pollo?

6. Vamos a comer enchiladas.

   ¿Por qué no comes quesadillas?

7. Vamos a comer pescado.

   ¿Por qué no comes pollo frito?

Restaurante El Bocadito

ENSALADAS

Ensalada de tomate	N$10.00

PLATOS TÍPICOS

Arroz con pollo	N$21.00
Enchiladas	N$15.00
Mole poblano	N$27.00
Quesadillas	N$16.00
Tacos de pollo	N$17.50
Tamales	N$12.00
Frijoles	N$10.00
Tortillas	N$8.00

CARNES

Pollo frito	N$23.00
Pescado al horno	N$30.00

BEBIDAS

Jugo de naranja	N$8.00
Agua mineral	N$9.00

7 ¿Qué hacen?

Several activities are happening at your school today. Look at the drawings and use the appropriate form of *comer*, *comprender*, *leer* and *tomar* to write what the people below are doing.

Dolores
Dolores toma agua mineral.

1. Pepe

   Pepe estudie el libro de español

2. nosotros

   Nosotros comprendemos las matematicas

3. Claudia

   Claudia no comprende Física.

4. yo

   Yo leo un libro de Homer.

5. Marcos y Mariana

Ellos comen tacos.

6. Joaquín

Joaquin toma jugo de naranja

7. Susana

Susana lee el periodico.

8. Ignacio

Ignacio come pescado.

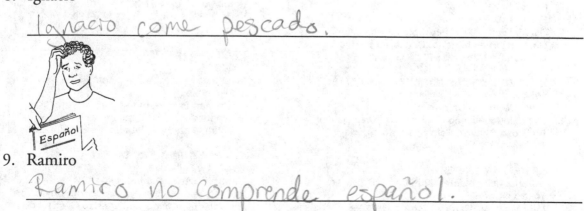

9. Ramiro

Ramiro no comprende español.

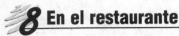 **En el restaurante**

Manuela and Araceli are ordering food at their favorite restaurant, El Camino Real.
Unscramble their dialog by numbering their statements in a logical order.

_8_   ARACELI: Sí Muchas gracias, señor.

_2_   MANUELA: Yo voy a tomar agua mineral.

_9_   MESERO: Muchas gracias, señoritas.

_5_   ARACELI: Pues, yo quiero pollo.

_7_   MESERO: Muy bien. Van a comer pollo y pescado con ensalada y van a

                        tomar agua mineral y un refresco. ¿De acuerdo?

_3_   ARACELI: Y yo voy a tomar un refresco.

_1_   MESERO: Buenas tardes, señoritas. ¿Qué van a tomar?

_6_   MANUELA: Y yo voy a comer pescado con ensalada.

_4_   MESERO: ¿Y qué van a comer?

9 ¡Vamos!

You and your friends want to do different things tonight. You are deciding what to do
and looking at the newspaper's entertainment page. For each of your friend,
suggestions you offer another. Follow the model.

    ¡Vamos a ver La Cenicienta!
        ¿Por qué no vamos a ver La Bella y la Bestia?

TEATRO
LA CENICIENTA
616-0511
Foro 11 de Escenaria
San Jerónimo 263, Pedregal de San Ángel
Dir. José Elías Moreno. Con Aylín Mujica.
Domingo, 11:30 hrs. $50

LA NOCHE DE LAS NARICES BIEN FRÍAS
593-8534
Teatro Wilberto Cantón
José María Velasco 59, San José Insurgentes
Dir. Rosa Chávez. Sábados y domingos,
11:30 y 13:30 hrs. Loc. $40

LA BELLA Y LA BESTIA
sistema ticketmaster 325-900
Teatro Orfeón
Luis Moya 40, Centro Histórico

Miércoles a viernes, 20:30; sábados 16:00 y 20:30;
domingo, 13:00 y 17:30 hrs.
Locs. $450, $250, $200, $170 y $90.
Para mayores de 4 años.

HACIENDO HISTORIA
702-2497
Museo de la Luz. Antiguo Templo de San Pedro
y San Pablo.
El Carmen esq. San Idelfonso, Centro
Un cocuyo y el fantasma de un jesuita
cuentan la historia del edificio del Museo de la Luz.

EL GATO CON BOTAS DE TIECK
55-9091 y 554-9099
Centro de Arte Dramático CADAC
Belisario Domínguez y Centenario, Coyoacán
Basado en un texto de Federico García Lorca.

1. ¡Vamos a ver "El Gato con Botas de Tieck"!

   ¿Por qué no vamos a ver la bella y la bestra?

2. ¡Vamos al Teatro Orfeón!

   ¿Por qué no vamos al centro de Arte Dramático?

3. ¡Vamos a las cinco y media!

   ¿Por qué no vamos a las ocho?

4. ¡Vamos con Mariana y Marcos!

   ¿Por qué no vamos sin ellos?

5. ¡Vamos al Centro de Arte Dramático!

   ¿Por qué no vamos al Teatro Wilberto Cantón?

6. ¡Vamos a ver "La Bella y la Bestia"!

   ¿Por qué no vamos a ver Haciendo Historia?

7. ¡Vamos al Museo de la Luz!

   ¿Por qué no vamos al Teatro Orfeón?

8 ¡Vamos a ver "La noche de las narices bien frías"!

   ¿Por qué no vamos a ver la cenicienta?

10 La carta de Rosa

Rosa is on a school trip to Mexico City and she writes a letter to her friend, Alberto. Fill in the missing words with the correct forms of the verbs *hacer, ver, saber* and *comer*.

> *Hola Alberto:*
>
> *¿Cómo estás? Yo estoy bien. Tú (1)___sabes___ que estoy en la Ciudad de México, ¿no? Aquí (2)___como___ mucha comida en los restaurantes y también (3)___veo___ mucho arte en los museos. Yo hablo español muy bien porque hablo con mis amigos y (4)___hacemos___ muchas preguntas. Tú (5)___hables___ español, ¿verdad? Los estudiantes aquí (6)___hablen___ mucho inglés y también (7)___hacen___ muchas preguntas. Guillermo y Nicolás (8)___comen___ muchos frijoles. No (9)___se___ qué vamos a hacer mañana.*
>
> *Tu amiga,*
>
> *Rosa*

11 Carta desde México

Imagine you are an exchange student living with a family in Mexico City. Write a letter to your parents describing your daily life. Include your favorite meals, places to visit and things to do.

_____

_____

_____

¡No qiero a hacerla!

_____

_____

_____

_____

CAPÍTULO 4

Lección 7

1 Sopa de letras

In the word-square find and circle ten Spanish words for family members. The words may appear forward, backward, horizontally, vertically or diagonally.

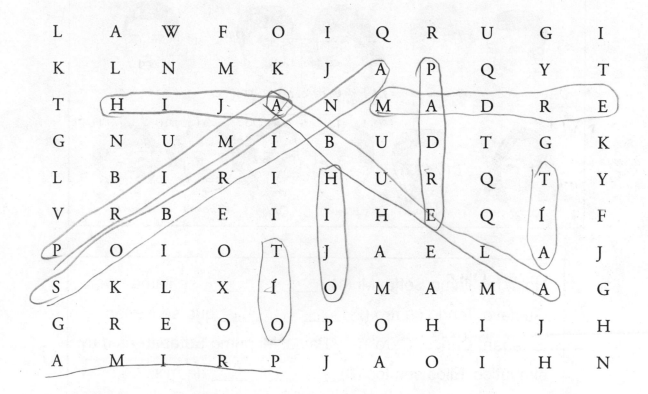

```
L  A  W  F  O  I  O  Q  R  U  G  I
K  L  N  M  K  J  A  P  Q  Y  T
T  H  I  J  A  N  M  A  D  R  E
G  N  U  M  I  B  U  D  T  G  K
L  B  I  R  I  H  U  R  Q  T  Y
V  R  B  E  I  I  H  E  Q  Í  F
P  O  I  O  T  J  A  E  L  A  J
S  K  L  X  Í  O  M  A  M  A  G
G  R  E  O  O  P  O  H  I  J  H
A  M  I  R  P  J  A  O  I  H  N
```

2 La familia de Sofía

Complete the following paragraph about Sofía's family, using her family tree as a reference.

Francisco Valladares Ordóñez   Julia Garces de Valladares

José Alfonso Valladares Garces   Graciela Muñoz de Valladares   Mónica Valladares de Hernández   Juan Carlos Hernández Pino   Luis Valladares Garces

Sofía   Gustavo   Esteban   Carlos   Carolina   Paula

Hola, me llamo Sofía. Mi (1)___hermano___ se llama

Gustavo. Tengo cuatro (2)___primos___ que se llaman

Esteban, Carlos, Carolina y Paula. Mi primo Esteban es muy

simpático. Ellos son los (3)___hijos___ de mis

(4)___tíos___ Mónica y Juan Carlos. Mi

(5)___tía___ Mónica es la (6)___hermana___ de mi

papá. Mi (7)___papá___ se llama José Alfonso y mi

(8)___mamá___ se llama Graciela. Tengo otro

(9)___tío___, que se llama Luis. Él es muy divertido.

Mis (10)___abuelos___ se llaman Francisco y Julia. Yo soy

su (11)___nieta___ favorita.

Carmen vive en Puerto Rico

Carmen is visiting you from Puerto Rico. She is showing you a map of the island and pointing out where she and her relatives live. Help her write complete sentences to say where she and her relatives live, using the clues given. Follow the model.

👉 mi tía Julia/Bayamón
Mi tía Julia vive en Bayamón.

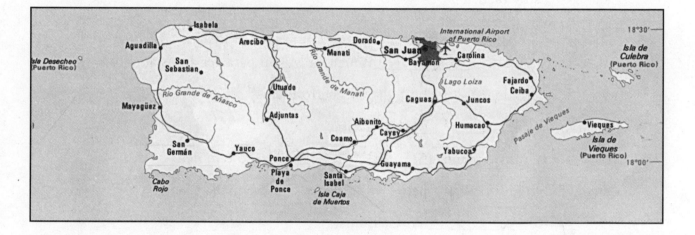

1. mi primo Gilberto/Aguadilla

   Mi primo Gilberto vive en Aguadilla.

2. mis tíos/Manatí

   Mis tíos viven en Manatí.

3. mis abuelos/San Juan

   Mis abuelos viven en San Juan

4. mi tío Raúl/Mayagüez

   Mi tío Raúl vive en Mayagüez.

5. mi hermano Beto/Ponce

   Mi hermano Beto vive en Ponce.

6. mi hermana Juana/Guayama

   Mi hermana Juana vive en Guayama.

7. yo/Arecibo

   Yo vivo en Arecibo.

4 Las actividades de Carmen

Carmen is telling you about life in Puerto Rico. Complete the dialog with the correct forms of the verbs *vivir* and *ir*.

CARMEN: ¡Hola!

TÚ: Hola, Carmen. ¿Cómo estás?

CARMEN: Estoy bien.

TÚ: Tú (1) __vives__ en Puerto Rico con tu familia, ¿verdad?

CARMEN: Sí, pero (2) __voy__ mucho a Miami para ver a mis amigos.

TÚ: ¿Dónde (3) __vives__ en Puerto Rico?

CARMEN: Yo (4) __vivo__ en Arecibo.

TÚ: ¿Y tus hermanos (5) __viven__ en Arecibo también?

CARMEN: No, mi hermano Beto vive en Ponce y mi hermana Juana

(6) __vive__ en Guayama.

TÚ: ¿(7) __vas__ a Guayama para visitar a tu hermana?

CARMEN: Sí, (8) __voy__ a visitar a mi hermana mucho.

TÚ: ¿Tu hermana (9) __va__ a Miami también?.

CARMEN: No, ella no va a Miami.

TÚ: ¿(10) __vas__ a visitar a tus abuelos?

CARMEN: Sí, yo (11) __voy__ a visitar a mis abuelos en San Juan. Ellos son muy

amables y cariñosos. .

TÚ: ¡Qué bueno! Y, ¿(12) __vas__ mucho a la playa?

CARMEN: ¡Claro! Mis primas y yo (13) __vamos__ a la playa cerca de Arecibo.

TÚ: ¡Qué divertido!

5 Los adjetivos

Can you tell the difference between masculine and feminine adjectives and between those that are singular and plural? Circle the word in each row that does not have anything in common with the others.

1. (otro)   muchos   cariñosos

2. favoritas   cariñosas   (fantásticos)

3. (popular)   otras   bonitas

4. divertida   (favorito)   simpática

5. amable   cariñoso   (otros)

6. todas   populares   (divertido)

7. simpática   (fantástico)   bonita

8. (otra)   divertido   bonito

6 Te presento a mis amigos

Imagine that Humberto has invited you to a family party, and is telling you who the guests are. Complete the sentences with the correct form of the adjectives shown in parentheses.

 Los chicos <u>populares</u> son mis primos. (popular)

1. La señora ___amable___ es mi tía. (amable)

2. La ___otra___ señora es mi abuela. (otro)

3. El chico ___nuevo___ se llama Antonio. (nuevo)

4. Él tiene ___muchos___ hermanas. (mucho)

5. La chica ___sympática___ es una de las hermanas de Antonio. (simpático)

6. Roberto y Andrés son mis sobrinos ___favoritos___. (favorito)

7. El señor ___divertido___ es el amigo de mi tío. (divertido)

8. Mis amigos son muy ___divertidos___. (divertido)

Nombre: _____ Fecha: _____

7 ¿Quiénes vienen a la fiesta?

Carmen is having a party next week and her mother is telling you who is coming?
Complete the following phrases with *su* or *sus* to say who is coming to Carmen's party.

> la tía Eulalia y sus hijas

1. doña Catalina y ___sus___ sobrinos

2. el chico nuevo y ___sus___ padres

3. Eduardo y ___su___ profesor

4. mis hermanas y ___sus___ hijas

5. el señor González y ___su___ familia

6. las hermanas Girón y ___su___ tía

7. la señorita Nájera y ___su___ mamá

8. Marta y ___sus___ amigas

9. Roberto y ___sus___ hermanos

10. Víctor y ___sus___ abuelos

8 Fotos de familia

Natalia is showing you photographs of her family and friends in Puerto Rico. Complete
the dialog between you and Natalia with the appropriate possessive adjectives.

TÚ: Ellos son tus primos, ¿verdad?

NATALIA: Sí, ellos son (1)___mis___ primos.

TÚ: Tu tía Yolanda es la tía de Carmen también, ¿verdad?

NATALIA: Sí, ella es (2)___nuestro___ tía.

TÚ: ¿Es (3)___tu___ hermano?

NATALIA: No, no es mi hermano. Es el hermano de Carmen.

TÚ: ¿Cómo se llama él?

NATALIA: (4)___Su___ nombre es Beto.

TÚ: ¿Y quiénes son ellos?

NATALIA: Ellos son (5)___mis___ amigos. Todos vamos al colegio San Luis.

TÚ: ¿Cómo se llaman (6)___sus___ abuelos?

9 ¡A describir!

Imagine that your parents left you in charge of the house while they went away to visit your uncle. They call you to see how things are going. Based on the drawing, answer their questions.

1. ¿Cómo está tu hermana?

   Mi hermana está cansada.

2. ¿Y cómo está tu hermano?

   Mi hermano está enfermo hoy.

3. ¿Cómo está la abuela?

   La abuela está contenta.

4. ¿Está limpia la casa?

   Sí, la casa está limpia.

5. ¿Está abierta la ventana?

   No, la ventana está cerrada.

6. ¿Y Campeón? ¿Cómo está?

   Campeón está triste, y no va a comer.

7. Y tú, ¿cómo estás?

   Yo estoy apurada, como siempre.

10 La llamada sorpresa

Susana surprises her friend Catalina with a phone call. Complete their telephone conversation with the appropriate forms of the verb *estar*.

CATALINA: Aló.

SUSANA: Soy Susana. ¿Cómo (1) _estás_ tú?

CATALINA: ¡Susana! Bien, gracias. ¿Y tú?

SUSANA: (2) _Estoy_ muy bien.

CATALINA: Oye, ¿dónde (3) _estás_ ?

SUSANA: (4) _Estoy_ en Puerto Rico. Laura (5) _está_ aquí también. Nosotras (6) _estamos_ muy contentas.

CATALINA: ¿Y tus hermanos? ¿(7) _Están_ en Puerto Rico también?

SUSANA: No, ellos (8) _están_ en Orlando, en casa de mis tíos.

CATALINA: ¿Cómo (9) _están_ tus tíos?

SUSANA: Mi tía (10) _está_ bien, pero mi tío (11) _está_ enfermo.

CATALINA: Ay, lo siento.

11 ¿Cómo están?

Can you describe the following drawings? Complete the following sentences according to the illustrations with the appropriate form of the verb *estar*.

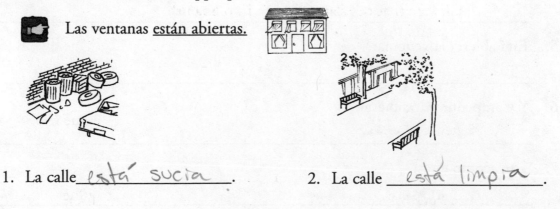

Las ventanas <u>están abiertas.</u>

1. La calle _está sucia_ .

2. La calle _está limpia_ .

3. Los chicos _están apurados_.

4. La chica _está cansada_.

5. Joselito _está confundido_.

6. El profesor _está ocupado_.

7. El restaurante _está cerrado_.

8. Las bicicletas _están libre_.

12 ¡Qué divertido!

Match the situations on the left with appropriate expressions that you would use on the right. Write the letter of your answer choice in the space provided.

_A_   1. A friend gives you a ride to the beach.   A. ¡Qué amable!

_G_   2. The back seat of the car is full of garbage.   B. ¡Qué bonito!

_E_   3. You hear on the radio about   C. ¡Qué caliente!
software that translates English into Spanish.

_C_   4. It is 99o Fahrenheit at the beach.   D. ¡Qué divertido!

_F_   5. The restaurant has the air conditioning set   E. ¡Qué fantástico!
very high.

_B_   6. Through the window you have a beautiful   F. ¡Qué frío!
view of the sea.

_H_   7. Your friend lost his dog in the park.   G. ¡Qué sucio!

_D_   8. Your friend decides to organize a field trip   H. ¡Qué triste!
to Puerto Rico.

13 Estudiante de intercambio

Imagine you are an exchange student living with a family in Puerto Rico. Write a letter to your parents, describing your host family.

_____

_____

_____

_____

_____

_____

nope

_____

_____

_____

_____

_____

_____

Lección 8

1 Los amigos dominicanos

While on vacation in the Dominican Republic, you sit down to write a letter to your parents at home. Complete the letter with the words from the list.

~~alto~~   amable   ~~chico~~   ~~dulce~~   excelente   inteligente   ~~morena~~   simpática

Hola, mamá y papá:

¿Cómo están? Yo estoy bien. Me gusta mucho la República

Dominicana.

Tengo dos nuevos amigos. Se llaman Rafael y Diana. Diana es

(1) _simpática_ y (2) _morena_. Rafael es

(3) _alto_ y (4) _amable_. A ellos les gusta

cantar y tocar la guitarra. Diana tiene una voz muy

(5) _dulce_ para cantar. Rafael

toca la guitarra muy bien, es un músico (6) _excelente_.

También lee muchos libros de poemas. Él es un

(7) _chico_ muy (8) _inteligente_.

2 La República Dominicana

Answer the following questions about the Dominican Republic.

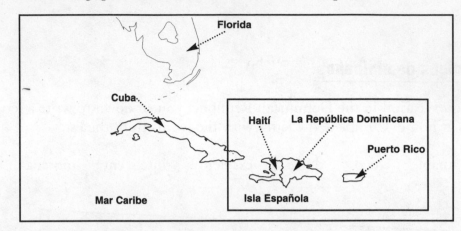

1. ¿Cómo se llama la música popular de allí?

   La música popular se llama el merengue.

2. ¿En qué océano está la isla La Española?

   La isla La Española está en el Océano Atlántico.

3. ¿Que países (countries) están en la isla?

   Haití y La República Dominicana están en la isla.

4. ¿Cuál es la capital de la República Dominicana?

   La capital de la República Dominicana es Santo
   Domingo.

3 Me gusta bailar merengue

You have prepared a list of the things and activities that you like about the Dominican Republic. Complete the following sentences with either *me gusta* or *me gustan*.

1. Me gusta el merengue.

2. Me gustan las islas tropicales.

3. Me gusta ir a la playa de Boca Chica.

4. No me gusta jugar al béisbol.

5. Me gusta las chicas inteligentes.

6. Me gusta la música del Caribe.

4 ¿Qué te gusta?

Imagine that your new friends, Rafael and Diana, ask you many questions about your pastimes and interests. Answer their questions with complete sentences.

 ¿Te gusta hablar español?
Sí, (No, no) me gusta mucho hablar español.

1. ¿Te gusta comer pescado?

   _____

2. ¿Te gustan los conciertos de rock?

   _____

3. ¿Te gustan los museos?

   _____

4. ¿Te gustan los partidos de béisbol?

   _____

5 Nos gusta

Write five complete sentences in Spanish, using any of the expressions from the box to say what you and your family like or dislike doing.

 Nos gusta ir a las playas.
No nos gusta mirar fotos.

mirar fotos		leer libro
jugar al béisbol	ir de compras	ver la televisión
las fiestas	ir a conciertos	oír la radio

1. _____

2. _____

3. _____

4. _____

5. _____

6 Me gusta oír música

Study these profiles of teenagers in the Dominican Republic who are looking for pen pals in the United States. Then answer the questions that follow, according to the information in the profiles.

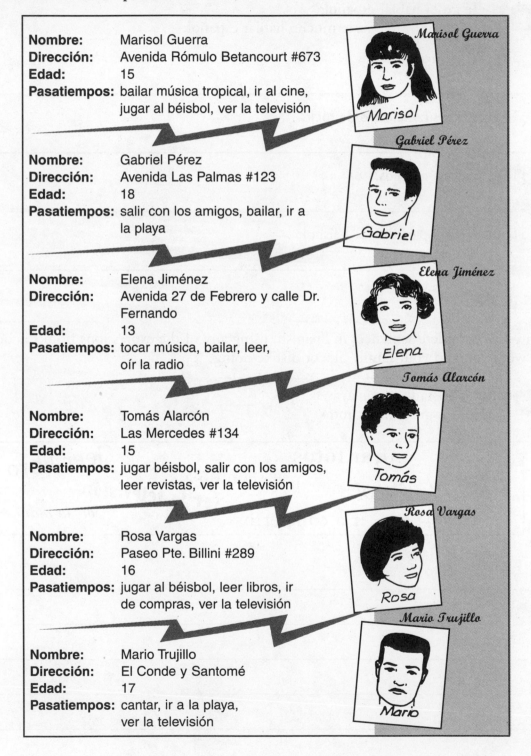

Nombre:	Marisol Guerra
Dirección:	Avenida Rómulo Betancourt #673
Edad:	15
Pasatiempos:	bailar música tropical, ir al cine, jugar al béisbol, ver la televisión

Nombre:	Gabriel Pérez
Dirección:	Avenida Las Palmas #123
Edad:	18
Pasatiempos:	salir con los amigos, bailar, ir a la playa

Nombre:	Elena Jiménez
Dirección:	Avenida 27 de Febrero y calle Dr. Fernando
Edad:	13
Pasatiempos:	tocar música, bailar, leer, oír la radio

Nombre:	Tomás Alarcón
Dirección:	Las Mercedes #134
Edad:	15
Pasatiempos:	jugar béisbol, salir con los amigos, leer revistas, ver la televisión

Nombre:	Rosa Vargas
Dirección:	Paseo Pte. Billini #289
Edad:	16
Pasatiempos:	jugar al béisbol, leer libros, ir de compras, ver la televisión

Nombre:	Mario Trujillo
Dirección:	El Conde y Santomé
Edad:	17
Pasatiempos:	cantar, ir a la playa, ver la televisión

1. A Mario y a Gabriel, ¿les gusta ir a la playa?

   _____

2. ¿Le gusta jugar al béisbol a Elena?

   _____

3. ¿A quiénes les gusta ver la televisión?

   _____

4. ¿A quién le gusta tocar música?

   _____

5. ¿Qué le gusta hacer a Rosa?

   _____

6. ¿A quiénes les gusta bailar?

   _____

7. ¿A quiénes les gusta leer?

   _____

8. ¿A ti qué te gusta hacer?

   _____

7 ¿A quién le gusta?

Look at the following drawings of several people and the things they enjoy doing. Write complete sentences to describe what each likes to do, using prepositional pronouns for emphasis.

 A él le gusta hablar.

1

Yolanda

2

Juana

3

Pepe

4

mis padres

5

ellos

6

nosotros

7

él

8

ella

1. _____

2. _____

3. _____

4. _____

5. _____

6. _____

7. _____

8. _____

8 Sopa de letras

In the word-square find and circle twelve words used to describe a person. The words may read forward, backward, horizontally, vertically or diagonally.

```
I  E  G  O  Í  S  T  A  O  I  P  C
R  N  A  I  V  G  U  D  H  B  T  A
O  M  T  N  P  E  A  L  T  A  R  C
I  C  E  E  E  G  O  R  O  J  S  Ó
B  O  M  C  L  R  O  B  L  O  I  M
U  Z  T  E  I  I  H  R  P  D  A  I
R  A  D  Y  R  E  G  O  D  M  L  C
U  B  O  A  R  O  N  E  R  O  M  O
C  A  L  V  O  O  E  R  N  L  P  D
G  N  E  S  J  D  A  I  G  T  B  V
M  I  S  B  O  S  O  R  E  N  E  G
```

9 ¡Qué interesante!

Choose the situation or situations where you might use each expression.

1. As soon as you board the airplane, you fall asleep. You wake up just as the plane lands in the Dominican Republic.
2. You are watching a women's basketball game on TV and see a player dunk the ball.
3. You go to a museum and learn what the conquistadores did to the original inhabitants of La Española.
4. At the museum you learn about all the different people and cultures that have influenced modern culture in the Dominican Republic.
5. You go to a restaurant and order a local dish.
6. You miss your return flight and must spend ten hours in the airport waiting for the next one.

¡Qué horrible! _____

¡Qué aburrido! _____

¡Qué alta! _____

¡Qué rápido! _____

¡Qué bueno! _____

¡Qué interesante! _____

10 ¿Cómo son?

Write a description of each picture in the space provided. Follow the model.

Alfonso
Alfonso es bajo.

1. el profesor Ricardo Maldonado

_____

2. Gloria

_____

3. Julio

_____

4. la profesora Teresa Álvarez

_____

5. Juan

_____

6. Ana

_____

7. Pablo

_____

11 ¿Dónde es la fiesta?

Consuelo and Aníbal are talking about a party. Complete their conversation with the correct forms of *ser* and *estar*.

CONSUELO: ¡Hola! ¿Cómo (1) _____?

ANÍBAL: (2) _____ bien, ¿y tú?

CONSUELO: Muy bien, gracias.

ANÍBAL: ¡Qué bonita (3)_____hoy!

CONSUELO: Gracias. Voy a una fiesta de Beneficio.

ANÍBAL: ¿Dónde (4)_____ la fiesta?

CONSUELO: (5) _____en el Hotel Excelsior.

ANÍBAL: ¿Con quién vas?

CONSUELO: Voy con Graciela.

ANÍBAL: ¿Quién (6)_____ ella?

CONSUELO: (7)_____la amiga de mi prima. Ella (8)_____ en nuestra

clase de historia. (9)_____ alta, morena y muy bonita.

ANÍBAL: Ah, sí. Ella nunca (10) _____triste, ¿verdad?

CONSUELO: Sí, ella (11)_____ muy divertida.

12 Entrevista con una persona famosa

Surprise! Juan Luis Guerra is at the same benefit concert you are attending. His public relations person allows you to ask him eight questions. What would you ask him? Begin by asking how he is, what he likes or does not like, and so on. Write your questions in Spanish in the space provided.

1. _____

2. _____

3. _____

4. _____

5. _____

6. _____

7. _____

8. _____

CAPÍTULO 5

Lección 9

1 Sopa de letras

In the word-square find and circle nine items related to music. The words may read forward, backward, horizontally, vertically or diagonally.

```
M  G  R  A  B  A  D  O  R  A  J
E  A  J  N  S  C  T  S  E  A  U
R  E  R  C  I  A  Z  Z  N  D  O
E  S  S  I  D  O  L  Ó  A  R  C
N  T  O  C  A  D  I  S  C  O  S
G  É  B  Z  G  C  O  T  A  J  I
U  R  Z  T  N  A  H  L  Z  M  D
E  E  R  A  R  G  E  I  A  S  E
J  O  C  A  S  E  T  E  R  A  M
A  M  A  R  R  A  T  I  U  G  U
```

2 ¡Qué país!

While visiting Costa Rica, you discover many exotic new things to see and do. Write the expression that best fits each situation using *qué* plus a noun.

 You go to a fantastic national park.
¡Qué parque!

1. From the top of a tall building you have a beautiful view of San José.

_____

2. You watch a very interesting movie about a rare species of unusual golden-colored frogs.

_____

3. You go to a marvelous new song concert.

_____

4. You run into your next-door neighbor from the United States, who is also visiting Costa Rica.

_____

3 ¿Qué tienen en la maleta?

What do these people have as they prepare to leave on a trip to Costa Rica? Complete the following sentences with the appropriate form of the verb *tener*.

> Cristina *tiene* un cuaderno.

1. Nosotros _____ dos libros sobre Costa Rica.

2. Cristina y Ángel _____ cuatro discos compactos de Inti Illimani.

3. Andrés _____ una guitarra.

4. Nosotros _____ muchos casetes de salsa.

5. Yo _____ una grabadora.

6. Inés _____ mucho dinero.

7. Tú _____ fotos de Costa Rica.

8. Ramón_____ un mapa de San José.

4 ¿Qué tienen en las manos?

You are part of a tour group in Costa Rica and your flight from San José to Puerto Limón has been delayed. Look at the following illustration and write what each person has to help pass the time at the airport.

Hugo <u>tiene un periódico.</u>

1. Cristina _____.

2. Ramón _____.

3. Inés y la profesora Sabati _____.

4. Inés _____.

5. Ángel y yo_____.

6. Yo_____.

7. César_____.

Nombre: _____ Fecha: _____

5 ¿Te gusta la música?

Ramón interviewed two Costa Rican students during the trip. Help him complete a written transcript of the interview by filling in the blanks with the appropriate forms of *tener* and *gustar*.

RAMÓN: ¿Cuántos años (1) _____, Gilberto?

GILBERTO: (2)_____ quince años.

RAMÓN: ¿Y tú, Antonio, cuantos años (3)_____?

ANTONIO: (4)_____quince años también.

RAMÓN: ¡Qué sorpresa! Uds. dos (5) _____ quince años.

GILBERTO: Sí, también (6)_____ quince clases.

RAMÓN: ¿Te (7) _____ la música salsa?

ANTONIO: Sí, me (8)_____ mucho.

GILBERTO: A mí también me gusta.

RAMÓN: Gilberto, ¿(9)_____ discos de Rubén Blades?

GILBERTO: Sí, (10) _____ _____discos compactos y cinco casetes.

ANTONIO: Yo también los tengo y me (11)_____ir a sus conciertos cuando

(12)_____ dinero.

RAMÓN: Gracias por la información, muchachos.

6 ¿Lo tienes?

Your mother is checking to see if you have the following items in your suitcase before leaving on your trip to Costa Rica. Complete the answers to her questions by using *lo* or *la* as needed.

1. ¿Tienes la grabadora?

   Sí, _____ tengo.

2. ¿Tienes el dinero?

   No, no _____ tengo.

3. ¿Tienes el casete?

   Sí, _____ tengo.

4. ¿Tienes la maleta?

   Sí, _____ tengo.

5. ¿Tienes la música de Silvio Rodriguez?

   No, no _____ tengo.

6. ¿Tienes el disco compacto de la nueva canción?

   Sí, _____ tengo.

7. ¿Tienes la guitarra?

   No, no _____ tengo.

8. ¿Tienes la revista de música?

   Sí, _____ tengo.

Lo veo

Look at the drawing of a classroom and write whether or not you see the following objects.

 ¿Ves el mapa de Costa Rica?
Sí, lo veo.
¿Ves la guitarra?
No, no la veo.

1. ¿Ves el teléfono?

   _____

2. ¿Ves la revista?

   _____

3. ¿Ves la playa?

   _____

4. ¿Ves el libro de historia de Costa Rica?

   _____

5. ¿Ves la computadora?

   _____

6. ¿Ves el disco compacto?

_____

7. ¿Ves la grabadora?

_____

8. ¿Ves el dinero?

_____

8 Las necesito

Your friends have many questions for you. Answer their questions using the appropriate direct-object pronouns.

 ¿Haces un viaje a Costa Rica?
Sí, (No, no) lo hago.

1. ¿Compras las canciones de Selena?

_____

2. ¿Tienes fotos de tu viaje?

_____

3. ¿Buscas los casetes de música para bailar?

_____

4. ¿Lees los periódicos de Costa Rica?

_____

5. ¿Hablas español?

_____

6. ¿Necesitas dinero?

_____

7. ¿Comes tamales?

_____

8. ¿Cantas canciones de la nueva canción?

_____

9 Un mensaje musical

Look at the following advertisement for cassettes, albums and compact disks. Then answer the questions, using the personal *a* when appropriate.

1. ¿Te gusta escuchar música?

   _____

   _____

2. ¿Te gustan los casetes o los discoscompactos?

   _____

   _____

3. ¿Qué tipo de música escuchas?

   _____

   _____

4. ¿Escuchas a Camilo Sesto?

   _____

   _____

5. ¿Escuchas a Ana Gabriel?

   _____

   _____

6. ¿Escuchas a Juan Luis Guerra?

   _____

   _____

7. ¿A quién escuchas más?

   _____

   _____

8. ¿A cuál de estos cantantes ves en la televisión?

   _____

   _____

9. ¿Cuál de estos casetes vas a comprar?

   _____

   _____

10. ¿A qué cantante te gustaría *(would like)* escribir? ¿Por qué?

   _____

UN MENSAJE MUSICAL PARA ESTA NAVIDAD...

XUXA

ANA GABRIEL

JUAN LUIS GUERRA

OFERTA
Con Su Compra Reciba
GRATIS
Nuestro Gran Catálogo Con Cientos de Exitos Musicales

CAMILO SESTO

Para compartir esos momentos de fin de año, adquiera los éxitos del momento en Long Play, Casetes y discos compactos.

Muévelo con EL GENERAL

EL GENERAL

10 Crucigrama

Complete the following crossword puzzle.

Horizontales
5. Hoy es jueves; ayer fue _.
8. La _ tiene siete días.
9. El _ tiene 24 horas.
10. Hoy es miércoles; mañana es_.

Verticales
1. Para saber a qué hora son tus actividades necesitas un _.
2. Hoy es domingo; mañana es _.
3. Hoy es jueves mañana es_.
4. La escuela está cerrada el _.
6. Hoy es viernes; mañana es _.

11 El calendario de Ernesto

You just have entered Ernesto's personal Web page by accident. Look at Ernesto's calendar and answer the following questions.

LUNES	MARTES	MIÉRCOLES	JUEVES	VIERNES	SÁBADO	DOMINGO
1	2 CLASE DE INGLÉS	3	4 FÚTBOL	5	6	7 CINE CON MANOLO
8 ESTUDIAR/ COMPAÑEROS	9 CLASE DE INGLÉS	10 ESTUDIAR/ COMPAÑEROS	11 FÚTBOL	12	13 FIESTA EN CASA DE RAÚL	14 PLAYA
15	16 CLASE DE INGLÉS	17 ESTUDIAR /COMPAÑEROS	18 FÚTBOL	19 RESTAURANTE CON TÍO RAMIRO	20 ESTUDIAR CON INÉS	21 PLAYA
22 ESTUDIAR/ COMPAÑEROS	23 CLASE DE INGLÉS	24 ESTUDIAR/ COMPAÑEROS	25 FÚTBOL	26	27	28 PLAYA
29 ESTUDIAR/ COMPAÑEROS	30	31				

1. Hoy es domingo7. ¿Dónde está Ernesto?

   _____

2. ¿Qué días va Ernesto a la playa?

   _____

3. ¿Qué días va a jugar al fútbol?

   _____

4. ¿Cuándo es la fiesta en casa de Raúl?

   _____

5. ¿Qué hace Ernesto los martes?

   _____

6. ¿Qué va a hacer el viernes 19?

   _____

7. ¿Cuándo va a estudiar con Inés?

_____

8. Qué hace Ernesto los lunes y los miércoles?

_____

12 ¿Qué planes tienen?

What do these people have planned for this week? Combine elements from each column to write eight sentences.

el lunes	mi hermano/a	llamar a un amigo
el martes	tú	ir a caminar por la playa
el miércoles	mi profesora	mirar televisión
el jueves	Uds.	hacer un viaje
el viernes	nosotros	estudiar español
el sábado	mis amigos	tocar el piano
el domingo	yo	ir a montar en bicicleta
la semana que viene	doña Elena	comprar discos compactos

1. _____

2. _____

3. _____

4. _____

5. _____

6. _____

7. _____

8. _____

Una excursión fantástica

In one or two paragraphs, describe the things you will do each day of the week during a visit to Costa Rica. Also, mention the things you will not do and explain why.

_____

_____

_____

_____

_____

_____

_____

_____

_____

_____

_____

_____

_____

Lección 10

1 La carta de Isabel

Isabel wrote Remedios the following letter. Fill in the space provided with a word that best completes the sentence.

Managua, jueves 29 de octubre

(1) _____ Remedios:

¿Cómo estás? Yo estoy bien. Ayer (2)_____ mi

cumpleaños. Mañana, (3)_____ , voy a tener una fiesta para

(4)_____ mi cumpleaños en casa de mis tíos en León. ¡Va a ser una

fiesta (5)_____! Mis primos y mis amigos van a estar allí todo el fin

de semana. El (6)_____ vamos a ir a la playa y el

(7)_____ vamos a ir a comer en un restaurante. Estoy muy triste

porque no vas a (8)_____ a mi fiesta de cumpleaños en León. Pero sí,

vas a venir pronto ¿verdad?

Tu (10)_____ de siempre,

Isabel

⚡ El amigo de Nicaragua

Daniel, your pen pal from Nicaragua, has been writing to you about places in his country. Locate them on the map and write the name of each place in the space provided.

Lago de Managua   Managua   Costa de los Mosquitos   Lago de Nicaragua
Río Tipitapa   Costa Rica   Océano Atlántico   Océano Pacífico

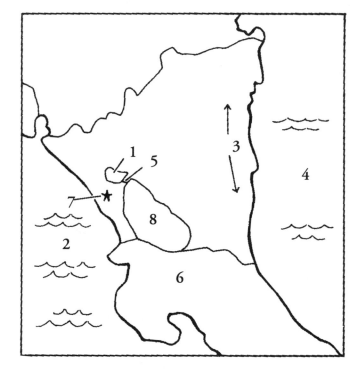

1. _____

2. _____

3. _____

4. _____

5. _____

6. _____

7. _____

8. _____

3 ¿De donde vienen a la fiesta?

Juan Carlos is celebrating his birthday and has invited friends and family from several countries to his birthday party. Match the letter of the country with the information in the numbered list.

A. Vienen de México.

B. Viene de Guatemala.

C. Vienes de la República Dominicana.

D. Viene de la Argentina.

E. Viene de Honduras.

F. Viene de México.

G. Viene de Costa Rica.

H. Viene de los Estados Unidos.

_____ 1. Ana/Buenos Aires

_____ 2. la abuela de Juan Carlos/Los Ángeles

_____ 3. la tía/Tegucigalpa

_____ 4. los primos/Monterrey

_____ 5. Paola/Antigua

_____ 6. yo/Santo Domingo

_____ 7. Javier/Acapulco

_____ 8. Cristina/San José

¿Cómo vienen?

Look at the drawings and write complete sentences to tell how these people are arriving to Juan Carlos' party. Follow the model.

Vinicio
Vinicio viene a la fiesta en barco.

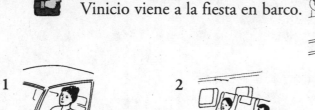

1   2   3   4

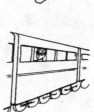

5   6   7   8

1. Ana

_____

2. los primos

_____

3. el tío José Arcadio

_____

4. Aureliano

_____

5. Cristina y Paloma

_____

6. la tía Antonia

_____

7. Lalo Contreras

_____

8. Javier y Galo

_____

5 Los Verdes en concierto

Carlos and Luis are in the school cafeteria talking about a benefit concert for the ecology club. Complete their conversation with the words from the list.

viernes
día
pasado mañana
el cumpleaños
la semana
cuándo
anteayer
los martes

LOS VERDES
_____
_____

**SALVEMOS LOS BOSQUES
VEN A CELEBRAR EL TRABAJO DEL
CLUB DE ECOLOGÍA**
_____
_____

**Hoy
miércoles 15 de Abril
Fiesta de aniversario del club
Salón "Blue Fields"
San Antonio de Coronado
6:00 p.m.**
_____

**Martes 21 de abril
¡Fiesta, para recaudar fondos
Salón Flamingo
Miramar
7:00 p.m.**

CARLOS: ¡Oye! ¿Qué (1) _____ es hoy?

LUIS: (2)_____ . ¿Por qué?

CARLOS: Hoy es el concierto de Los Verdes.

LUIS: No, el concierto fue (3) _____ .

CARLOS: ¿Y qué tal?

LUIS: ¡Fantástico! Hay otro concierto (4) _____ que viene. ¿Vas a ir?

CARLOS: ¿(5)_____ es?

LUIS: El martes.

CARLOS: No, porque todos (6) _____ tengo clase de guitarra.

LUIS: Mira, (7)_____ tengo una fiesta en mi casa. ¿Vienes?

CARLOS: ¡Qué lástima, Es (8) _____ de mi abuelo. Lo siento,

chico.

Nombre: _____ **Fecha:** _____

 **¿Qué día fue?**

Use the calandar below to complete the following sentences.

 Si hoy es jueves ocho, _pasado mañana_ es sábado diez.

LUNES	MARTES	MIÉRCOLES	JUEVES	VIERNES	SÁBADO	DOMINGO
			1	2	3	4
5	6	7	8	9	10	11
12	13	14	15	16	17	18
19	20	21	22	23	24	25
26	27	28	29	30	31	

1. Si hoy es martes veinte, _____ fue domingo dieciocho.

2. Si ayer_____ miércoles veintiocho,

_____ es viernes treinta.

3. Si anteayer fue jueves veintidós,_____es lunes veintiséis.

4. Si_____ es méircoles catorce,

_____es viernes dieciséis.

5. Si _____ fue viernes dos,

_____ fue jueves primero.

6. Si_____es sábado veinticuatro hoy es viernes veintitrés.

7. Si _____ es miércoles siete,

_____ fue martes seis.

8. Si _____ es domingo dieciocho,

_____ fue jueves quince.

7 Encuentra los meses

In the word-square find and circle the twelve months of the year. The words may read forward backward, horizontally, vertically or diagonally.

A	P	A	G	O	S	T	O	I	F	N
S	B	S	B	P	R	Z	E	A	E	S
E	L	R	M	K	R	X	N	G	B	T
P	H	I	I	A	I	M	O	O	R	E
T	N	U	M	L	Y	U	V	W	E	N
I	B	J	U	N	I	O	I	T	R	E
E	R	U	E	I	I	B	E	O	O	R
M	G	L	O	T	E	A	M	L	I	O
B	D	I	C	I	E	M	B	R	E	R
R	R	O	C	T	U	B	R	E	J	E
E	J	E	I	Q	W	Q	E	E	T	Q

8 Los días de fiesta

How well do you know the months and the major holidays that take place in those months? Match the names of holidays on the right with the dates on the left. Write the letter of the holiday in the space provided.

_____ 1. Es el 25 de diciembre.

_____ 2. Es el 4 de julio.

_____ 3. Es el primero de mayo.

_____ 4. Es el 6 de enero.

_____ 5. Es el 28 de diciembre.

_____ 6. Es el primero de enero.

_____ 7. Es el 31 de diciembre.

_____ 8. Es el 14 de febrero.

A. el Día de San Valentín

B. el Día de los Inocentes

C. la Navidad

D. el Día del Trabajo

E. la Noche Vieja

F. el Día de los Reyes Magos

G. el Año Nuevo

H. el Día de la Independencia de los Estados Unidos

9 La lista de fechas de Andrea Catalina

Andrea Catalina had trouble remembering the birthdays of relatives and friends, but now she has made a list with their names and dates of birth. Based on Andrea Catalina's list, answer the following questions with complete sentences.

 ¿Cuándo es el cumpleaños de Sebastián?
Es el 3 de octubre.

Nombre:	Fecha de nacimiento:
Manolo	26 de noviembre de 1985
Soledad	8 de marzo de 1983
Ana Macarena	14 de febrero de 1978
el abuelo Rafael	17 de septiembre de 1920
la tía Julia	5 de julio de 1950
Sebastián	3 de octubre de 1990
Gabriela	28 de septiembre de 1987

1. ¿Cuántos años tiene Sebastián?

   _____

2. ¿Cuándo cumple años Gabriela?

   _____

3. ¿Cuántos años tiene el abuelo Rafael?

   _____

4. ¿En qué mes es el cumpleaños de la tía Julia?

   _____

5. ¿Cuántos años tiene Ana Macarena?

   _____

6. ¿Cuándo es el cumpleaños de Soledad?

   _____

7. ¿Cuántos años tiene Soledad?

   _____

8. ¿En qué día y en qué mes es el cumpleaños de Manolo?

   _____

¿Cuánto te gusta?

Look at the list of celebrations and write one of the following expressions with gustar to express how much you like or dislike the celebrations below.

> me gusta   no me gusta ni un poco
> **me gusta mucho**
> me gusta un poco   no me gusta

1. celebrar mi cumpleaños

   _____

2. celebrar el cumpleaños de mi hermano

   _____

3. celebrar la Navidad

   _____

4. celebrar el Año Nuevo

   _____

5. celebrar el último (*last*) día de clases

   _____

6. celebrar el Día de la Independencia

   _____

7. celebrar el Día de San Valentín

   _____

8. celebrar el Día de la Madre

   _____

Los precios de ahora

Look at this newspaper advertisement for items on sale and answer the following questions. Spell out the numbers in your answers.

> ¿Cuánto cuesta *(cost)* el carrito para verduras?
> Cuesta mil seiscientos sesenta y siete.

Juego de café para 4 personas, de porcelana
Antes ¢978
AHORA ¢ 752
ahorro ¢226
Gibson

Carrito para verduras multiuso.
Antes ¢1.885
AHORA ¢1.667
ahorro ¢218
ESPECIAL

Juego de café para 6 personas.
Antes ¢1.396,20
AHORA ¢950
ahorro ¢446,20
ESPECIAL

Cafeteras decoradas varios colores
Antes ¢ 2.138,55
AHORA ¢1.645
ahorro ¢493,55

Gran surtido vajillas decoradas, 20 piezas
Antes ¢4.500
AHORA ¢4.000
ahorre ¢ 500
ESPECIAL 10% desc. otros mod.

Olla de presión Royal 6 litros de capacidad. Antes ¢4.494
AHORA ¢3.745
ahorro ¢749

Hielera plástica para bar, color blanco
Antes ¢ 494
AHORA ¢390
ahorro ¢ 104
ESPECIAL

Lámparas para escritorio de clip, americanas, surtido de colores
Antes ¢1.950
AHORA ¢1.600
ahorro ¢ 350

Silla plegable varios colores
Antes ¢3.507
AHORA ¢3.100
ahorro ¢ 407
ESPECIAL

1. ¿Cuánto cuesta la olla de presión?

    _____

2. ¿Cuánto cuesta el juego de café para cuatro personas?

    _____

3. ¿Cuánto cuesta la cafetera?

    _____

4. ¿Cuánto cuestan las vajillas?

    _____

5. ¿Cuánto cuesta la silla plegable?

    _____

6. ¿Cuánto cuesta el juego de café para seis personas?

    _____

7. ¿Cuánto cuesta la hielera plástica para bar?

    _____

12 Los días de la Independencia

When did Latin American countries gain independence from Spain? Write the dates of independence for the following countries.

> Nicaragua: 15/9/1821
> el quince de septiembre de mil ochocientos veintiuno

1. Ecuador: 24/5/1822

_____

2. República Dominicana: 27/2/1844

_____

3. Argentina: 9/7/1816

_____

4. Colombia: 20/7/1810

_____

5. Guatemala: 15/9/1821

_____

6. Venezuela: 5/7/1811

_____

7. México: 16/9/1810

_____

8. Chile: 18/9/1810

_____

Correo electrónico

Write an e-mail to a friend telling him or her how old you are, when your birthday is and what you plan to do to celebrate it. Include the name of the people that are coming to your celebration.

No Recipient, No Subject   ⬓ ⬜ ✕

| ▼ | Standard ▼ | MIME ▼ | QP 📋 📄 📝 📑 | **Send** |

To:
From:
Subject:
Cc:
Bcc:
Attached:

_____

_____

_____

_____

_____

_____

_____

_____

_____

CAPÍTULO 6

Lección 11

1 Los mensajes de la señora Galarza

Señora Galarza has left messages on the refrigerator door for her sons and daughters. Complete each note with a verb from the list below.

ayudar   cerrar   comprar   encender   empezar   pensar   poner   ver

MEMO

Catalina:
Tienes que (1) _____
la luz y (2) _____
las ventanas cuando es de noche.

Marcos:
Tienes que (3) _____
servilletas de papel y
(4) _____
_____ la mesa.

MEMO

MEMO

Alfonso:
Debes (5) _____
a hacer la tarea a las
cuatro. ¡(6)_____
la televisión todo el día
no es bueno!

MEMO

Mónica:
Debes (7)_____ a tus
hermanos. También debes
(8) _____ en tus abuelos y
escribirles una carta.

Guía de Venezuela

You have found a Web page about Venezuela with some words missing. Complete the following paragraph from this page, using the words from the list.

Ángel   Margarita   Atlántico   Orinoco   Maracaibo   Caracas   petróleo   norte

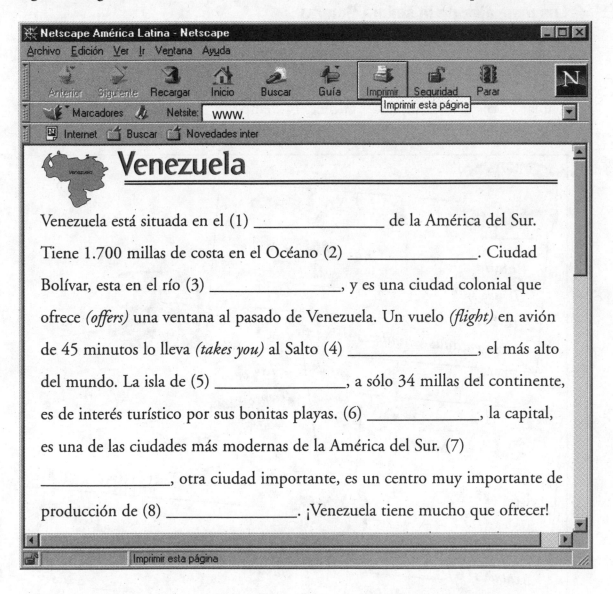

Venezuela está situada en el (1) _____ de la América del Sur.

Tiene 1.700 millas de costa en el Océano (2) _____. Ciudad

Bolívar, esta en el río (3) _____, y es una ciudad colonial que

ofrece *(offers)* una ventana al pasado de Venezuela. Un vuelo *(flight)* en avión

de 45 minutos lo lleva *(takes you)* al Salto (4) _____, el más alto

del mundo. La isla de (5) _____, a sólo 34 millas del continente,

es de interés turístico por sus bonitas playas. (6) _____, la capital,

es una de las ciudades más modernas de la América del Sur. (7)

_____, otra ciudad importante, es un centro muy importante de

producción de (8) _____. ¡Venezuela tiene mucho que ofrecer!

¿Debo o tengo que?

You have made a list of the things you and your friend need to do before your trip to Venezuela. Complete the following sentences with a form of *deber* or *tener que* to say if those are things you should do or have to do.

1. _____ tener un pasaporte.

2. _____ estudiar español.

3. _____ buscar información sobre Venezuela.

4. _____ comer bien todos los días.

5. _____ leer mucha información sobre Venezuela antes del viaje.

6. _____ hacer mis maletas.

7. _____ comprar los boletos (*tickets*) de avión.

8. _____ cerrar bien la casa.

 ¿Qué piensan hacer?

Your parents always want to do something different from what you want to do. Complete the following sentences, following the model.

 Si pienso ir al cine, ellos <u>piensan</u> ir al teatro.

1. Si empiezo a hablar español, ellos _____ a hablar inglés.

2. Si enciendo la radio, ellos _____ la televisión.

3. Si prefiero comer pescado, ellos_____ comer pollo.

4. Si quiero ir a la playa, ellos _____ ir al centro.

5. Si pienso leer un libro, ellos _____ leer unas revistas.

6. Si quiero hacer la tarea, ellos_____ ir a bailar.

5 ¿Qué hacen?

Choose from the verb forms on the right to complete each sentence.

_____   1. Pepe _ ir al cine.   A. quiero

_____   2. Juana y Gloria _ ir al restaurante Maracaibo.   B. cierro

_____   3. Yo _ los libros.   C. prefieren

_____   4. Nosotros _ nadar en la piscina.   D. preferimos

_____   5. Jorge _ la radio.   E. tiene

_____   6. Mis primos _ a visitarme.   F. vienen

_____   7. Mi hermana _ una fiesta.   G. enciende

_____   8. Yo _ viajar a Venezuela.   H. piensa

6 ¿En qué piensas, Alfredo?

Complete the following conversation between you and Alfredo, using the appropriate forms of the verb *pensar*.

TÚ: ¿En qué (1) _____?

ALFREDO: (2) _____en la fiesta de esta noche.

TÚ: ¿Qué necesitas?

ALFREDO: Yo (3) _____ que necesitamos más sillas.

TÚ: Yo no. (4) _____ que las personas van a bailar mucho. No

           necesitamos más sillas.

           ¿Qué (5) _____ hacer tus padres?

ALFREDO: Ellos (6) _____ ir al cine.

TÚ: ¿(7) _____ hacer más comida?

ALFREDO: No, no (8) _____ hacer mas comida. Ya tenemos mucha.

TÚ: ¿Qué hacemos ahora?

ALFREDO: (9) _____ en que música vamos a tocar.

Sopa de letras

In the word-square puzzle find and circle twelve items commonly found at the dinner table. The words may read forward, backward, horizontally, vertically or diagonally.

```
M  P  A  T  I  R  A  H  C  U  C  S
V  A  Q  U  E  S  N  A  Z  T  E  Z
P  A  N  A  M  I  T  O  H  U  S  A
A  H  O  T  E  N  E  D  O  R  F  T
O  D  A  B  E  I  B  U  S  G  O  E
H  Z  F  I  R  Q  U  Q  P  L  D  L
A  R  M  N  O  Z  U  H  L  L  O  L
B  I  L  E  D  E  P  I  M  S  T  I
P  L  A  T  O  F  H  Y  L  A  Z  V
U  J  N  S  Q  C  I  U  G  L  V  R
V  A  S  O  U  F  M  C  O  D  A  E
O  Z  I  C  U  B  I  E  R  T  O  S
```

8 Encuentra las ocho diferencias

These two illustrations may look the same, but there are eight objects missing from the illustration on the right. Locate the items and write what they are in the space provided.

1. _____

2. _____

3. _____

4. _____

5. _____

6. _____

7. _____

8. _____

 ¿Cuánto quieres?

At the dinner table you are asked the following questions. Write the letter of your answer choice next to the corresponding question. Some questions have more than one possible answer.

A. Poca.

B. Uno.

C. No, menos.

D. Un poco de pimienta.

E. No, ni un poquito.

F. Mucho.

G. Dos.

H. Sí, un poco más.

_____ 1. ¿Cuántas personas vinieron? ¿Ocho?

_____ 2. ¿Cuántas cucharitas de azúcar quieres?

_____ 3. ¿Qué quieres?

_____ 4. ¿Cuánto aceite pongo? ¿Más?

_____ 5. ¿Cuánta sal quieres?

_____ 6. ¿Quieres más postre?

_____ 7. ¿Quieres más sopa?

_____ 8. ¿Cuántos vasos de agua quieres?

_____ 9. ¿Cuánto pan hay?

¿De dónde son?

Consuelo collects objects from around the world. She is very proud of them and tells us where each item came from. Complete the sentences with *este, estos,* or *estas*.

1. _____ sillas son de Ecuador.

2. _____ plato es de Colombia.

3. _____ estufa es de España.

4. _____ mantel es de Guatemala.

5. _____ servilletas son de Guatemala también.

6. _____ lámpara es de Venezuela.

7. _____ tazas son de Costa Rica.

8. _____ vasos son de México.

9. _____ cucharitas son de Perú.

10. _____ cubiertos son de Bolivia.

11 Esta sopa no me gusta

Have you ever gone out with a person who complains about everything? Suppose you are with such a person. Complete the sentences with the appropriate form of *este, ese,* or *aquel,* based upon the drawing.

1. _____ sopa no está caliente.

2. _____ señores son muy delgados.

3. _____ servilletas son feas.

4. Me gustaría comer _____ postre.

5. _____ platos son muy pequeños.

6. _____ chicos comen mucho.

7. _____ vaso está sucio.

8. _____ mesa no tiene un mantel.

9. _____ pan sí está caliente.

10. Los platos de _____ mesa son grandes.

12 ¡Feliz cumpleaños, Paloma!

Today is Paloma's birthday and you and your sister, brother or friend will prepare a special surprise dinner for her. Write your sister, (brother or friend) a note telling him or her what to do. Include the items needed to set the table as well as the foods you have to buy.

_____

_____

_____

_____

_____

_____

_____

_____

_____

_____

Lección 12

1 Colombia

Read the following statements about Colombia and decide whether they are *verdad* or *falso*. Write **V** or **F** in the space provided.

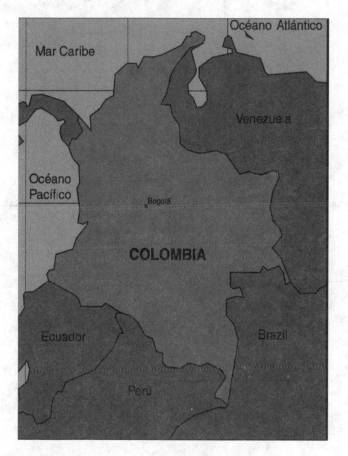

_____ 1. La capital de Colombia es Cali.

_____ 2. Colombia tiene costas en el Océano Pacífico y en el Océano Atlántico.

_____ 3. La cumbia es un plato típico de Colombia.

_____ 4. Colombia es un país tropical.

_____ 5. No hay montañas en Colombia.

_____ 6. Cartagena es una ciudad muy vieja.

_____ 7. Colombia produce café muy bueno.

_____ 8. Colombia es famosa por el oro.

2 ¿Qué les gustaría hacer en Colombia?

You are visiting Cartagena with your family and are planning your activities for tomorrow. Write complete sentences to say what each person would like to do, according to the illustrations. Follow the model.

mis padres
A mis padres les gustaría ir a la playa.

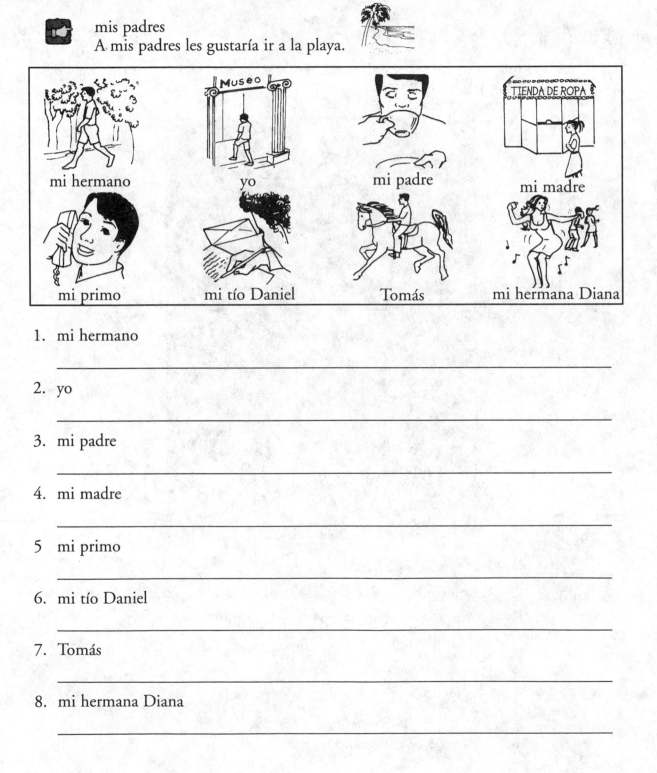

mi hermano	yo	mi padre	mi madre
mi primo	mi tío Daniel	Tomás	mi hermana Diana

1. mi hermano

   _____

2. yo

   _____

3. mi padre

   _____

4. mi madre

   _____

5. mi primo

   _____

6. mi tío Daniel

   _____

7. Tomás

   _____

8. mi hermana Diana

   _____

3 ¿Qué dicen?

Describe what each of the following people is saying. Write a complete sentence using the appropriate form of the verb *decir*. Follow the model.

Ana
Ana dice: "¡Vamos a Colombia!".

José

Natalia y yo

Gloria

yo

Roberta

Mario

Susana y Adalberto

Carlos

1. José

_____

2. Natalia y yo

_____

3. Gloria

_____

4. yo

_____

5. Roberta

_____

6. Mario

_____

7. Susana y Adalberto

_____

8. Carlos

_____

4 ¿Qué dicen?

You and your friends are trying to decide what to do today in Cartagena. You have surveyed your classmates about whether or not they would like to go to the beach. What do they say? Use the appropriate form of the verb *decir* in your response.

Yo <u>digo que sí</u>.   YO

1. Margarita _____.

2. Tú_____.

3. Sergio _____.

4. La señorita Bolaños _____.

5. Jorge _____.

6. Carola y Margarita _____.

7. Yo y Jorge _____.

8. Tú y la señorita Bolaños _____.

Sopa de letras

In the word-square find and circle ten words related to apartments and houses. The words may read forward, backward, horizontally, vertically or diagonally.

S	A	P	A	G	O	S	T	O	I	R
A	P	A	A	N	I	C	S	I	P	O
L	E	T	J	E	K	R	E	N	S	D
A	P	I	A	C	A	I	U	I	O	E
O	T	O	Ñ	A	B	I	P	V	W	M
C	T	N	D	O	E	I	N	I	O	O
R	E	R	I	J	O	T	R	A	U	C
O	M	G	A	M	T	E	A	M	L	I
D	E	R	V	U	N	V	R	Ñ	U	P
E	A	R	E	S	C	A	L	E	R	A
G	P	L	A	N	T	A	B	A	J	A

6 La casa de los Buendía

A. This is the floor plan of the Buendía family's house. Label each room using the words *baño, cocina, comedor, cuarto, garaje, patio* and *sala*.

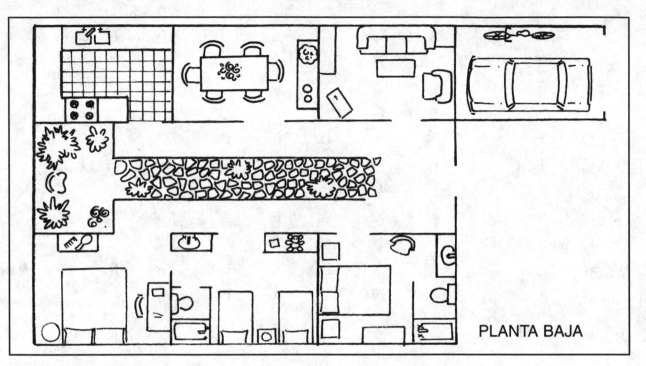

PLANTA BAJA

B. Now answer the following questions, according to the floor plan.

1. ¿Cuántos baños tiene la casa?

_____

2. ¿Están los cuartos en el primer piso?

_____

3. ¿Dónde está la televisión?

_____

4. ¿Tiene escalera la casa?

_____

5. ¿Qué hay en el garaje?

_____

6. ¿Qué está al lado de garaje?

_____

7. ¿Dónde está la cocina?

_____

7 ¿Dónde vamos a dormir?

Can you recognize the different Spanish words for bedroom? Circle them in the list below.

alcoba   baño   piso   habitación   patio

sala   comedor   cómoda   pieza   recámara

cuarto   dormitorio   escalera

8 Daniel siempre repite todo

Complete the following paragraph with the appropriate forms of the verb *repetir*.

Yo nunca (1)_____ lo que otros

dicen. A mí no me gustan las personas que

(2)_____ todo. Pero tengo un amigo,

Daniel, que sí (3)_____ mucho. Si yo digo

"no es un chisme", él (4)_____ "no es un

chisme". Yo le digo que está (5)_____ pero

él dice que es mentira. Amanda y yo vamos a

(6)_____ todo lo que Daniel dice. Cuando

dice "eso es mentira", nosotros vamos a

(7)_____ "eso es mentira". ¿Crees que así

Daniel ya no va a (8)_____ todo? Y tú,

¿(9)_____ lo que otros dicen?

9 Pedir o preguntar en el restaurante

After a day trip to Cartagena, the tour guide takes the group to a restaurant. What do they order? Complete each sentence with the appropriate form of the verb *pedir*.

Los señores Granja <u>piden</u> pan con mantequilla.

1. Yo _____ sal.

2. Tú _____ un vaso limpio.

3. Los chicos _____ unos platos.

4. Ustedes _____ tamales.

5. El guía _____ un café.

6. Nosotros _____ sopa.

7. Eduardo _____ un refresco.

8. Perla _____ un postre.

9. Marco y yo _____ agua mineral.

10 Todos tienen algo

How do the following people feel physically and emotionally? Look at the illustrations below and complete the sentences logically with the verb *tener,* the adjective *mucho* and the nouns *calor, frío, ganas de, hambre, miedo de, prisa, sed* and *sueño.* Make any necessary changes.

Voy a la piscina porque <u>tengo mucho calor</u>.

tú   Mario   Pamela   María

La Abuela y yo   Rosa   Julián   Ana y Jaime

1. Tú caminas rápido porque _____.

2. Hace 0° C aquí. Mario _____.

3. Pamela _____ ir a Cartagena.

4. María va a la cocina porque _____.

5. ¡Abre la ventana! La Abuela y yo _____.

6. Rosa _____. Va a tomar un refresco.

7. Julián _____ montar en motocicleta.

8. Es medianoche: Ana y Jaime _____.

11 Un e-mail desde Bucaramanga

Complete the following e-mail with the correct forms of the verbs from the list.

leer	comprender	cumplir	comer	ver	venir
montar	saber	escribir	vivir	correr	tener

No Recipient, No Subject

Standard | MIME | QP | | | | | **Send**

To:
From:
Subject:
Cc:
Bcc:
Attached:

Querido Alejandro,

¿Cómo estás? Yo estoy bien. Ahora (1)_____ con mis abuelos en Bucaramanga,

Colombia. El viernes es el cumpleaños de mi abuelo. (2)_____ _____ setenta y cinco

años, pero tiene un espíritu joven. Él (3)_____ todos los días y

(4) _____ a caballo los fines de semana. Mi abuela tiene sesenta y siete años. Es

muy delgada porque (5)_____ poco. En las noches nosotros

(6)_____ los programas en inglés de la televisión. A mi abuelo no le gustan

porque no (7)_____ nada. Mi abuela sí (8)_____ hablar

inglés y ella y yo (9)_____ las revistas de los Estados Unidos.

¿Por qué no (10)_____ a Bucaramanga para el cumpleaños de mi abuelo? ¿O

(11)_____ que ir a la escuela? Alejandro, sé que tú nunca

(12)_____, pero debes escribir o llamar por teléfono para yo saber si vienes o no.

Un abrazo, Marianela

---

12 ¡Escribe un mensaje a Ibagué!

Reply to a message in a chat community from a person from Ibagué, Colombia who is looking for an electronic key pal. Introduce yourself; say where you live and describe your house or apartment; describe a typical school day; and end the message by saying you would like to visit him or her in Ibagué, Colombia.

CAPÍTULO 7

Lección 13

1 La Argentina

Decide whether the following statements about Argentina are *verdad* or *falso*. Write V or F in the space provided.

_____ 1. Buenos Aires es la capital de Argentina.

_____ 2. El Río de la Plata es una montaña muy alta.

_____ 3. Bariloche es el deporte nacional de Argentina.

_____ 4. Los gauchos son un grupo musical.

_____ 5. Los gauchos viven en La Pampa.

_____ 6. Argentina tiene unas playas muy bonitas.

_____ 7. El Aconcagua es una montaña.

_____ 8. Las cataratas del Iguazú están cerca de Paraguay.

2 La familia de Ernesto

Ernesto's family is very athletic. Complete the following paragraph with an appropriate form of the verb *jugar* to find out what sports the members of his family practice.

A mi familia le gustan mucho los deportes. Todos nosotros practicamos algún deporte. Mi hermano Andrés (1)_____ al fútbol está en el equipo de la escuela. Mi hermana Laura (2)_____ al volibol ella es muy buena. Mis padres (3) _____ al tenis. El mes que viene van a (4) _____ en un torneo *(tournament)*. Mis primos (5) _____ al béisbol. Ellos viven en Nicaragua y el béisbol es muy popular allí. Yo (6) _____ al básquetbol y también (7) _____ al fútbol con los amigos de mi hermano. Aquí en la Argentina nosotros tenemos la fiebre del gol y todos (8) _____ al fútbol. Y tú, ¿_____ al fútbol o al béisbol?

3 Crucigrama

Use the clues on the next page to complete the following crossword puzzle.

Horizontales

1. Tenemos muchos _ y todos son divertidos.
5. Necesitas una pelota (*ball*) y un aro (*hoop*) para jugar al _.
7. Necesitas cincuenta y dos _ para jugar este pasatiempo.
8. _ es una actividad artística.
9. ¿Te gusta el _ americano?
10. Los _ son ejercicios con música.

Verticales

2. Necesitas pensar mucho para jugar al _ .
3. Las _ son juegos de video.
4. Necesitas una pelota (*ball*) y una red (*net*) para jugar al _.
6. Necesitas fichas (*counters*) rojas y negras para jugar a las _.

 ## Los pasatiempos

José Armando and his friends enjoy many activities. Look at the illustrations and describe what they are doing. Match the statements with the appropriate pastimes. Write the letter of your answer choice in the space provided.

_____ 1. Juegan al básquetbol.

_____ 2. Ella esquía.

_____ 3. Hacen aeróbicos.

_____ 4. Juegan a las maquinitas.

_____ 5. Juegan al ajedrez.

_____ 6. Juegan al fútbol.

_____ 7. Juegan al volibol.

_____ 8. Lee el periódico.

5 ¿Cuándo vuelven?

Carlos is planning an ecological trip with his friends. Each person arrives home at different times so Carlos has developed a chart to help him remember when he can contact each person with the information about the trip. Look at Carlos' table and answer the following questions according to the model.

Persona	Lugar	Hora
Martín	el restaurante	9:00 P.M.
Felipe	el cine	7:00 P.M.
Carola	la biblioteca	5:00 P.M.
José y Ana	hacer compras	3:00 P.M.
Gerardo	la casa de su amigo	6:00 P.M.
Benjamín	el partido de fútbol	4:00 P.M.
Victoria	la Argentina	9:00 A.M.
Sandra y Margarita	la práctica de tenis	11:00 A.M.

 ¿Cuándo vuelve Carola?
Carola vuelve de la biblioteca a las cinco de la tarde.

1. ¿Cuándo vuelve Felipe?

   _____

2. ¿Cuándo vuelven José y Ana?

   _____

3. ¿Cuándo vuelve Gerardo?

   _____

4. ¿Cuándo vuelve Victoria?

   _____

5. ¿Cuándo vuelve Martín?

   _____

6. ¿Cuándo vuelven Sandra y Margarita?

   _____

7. ¿Cuándo vuelve Benjamín?

   _____

6 ¿Cuánto tiempo hace que ...?

Answer each of the following questions with the cues shown in parentheses. Follow the model.

  ¿Cuánto tiempo hace que María Elena corre? (un cuarto de hora)
Hace un cuarto de hora que María Elena corre.

1. ¿Cuánto tiempo hace que no vas a la playa? (cinco semanas)

_____

_____

2. ¿Cuánto tiempo hace que Vicente no juega al ajedrez? (mucho años)

_____

_____

3. ¿Cuánto tiempo hace que lees el periódico? (veinte minutos)

_____

_____

4. ¿Cuánto tiempo hace que Luis Enrique ve televisión? (un cuarto de hora)

_____

_____

5. ¿Cuánto tiempo hace que no ves una buena película? (dos meses)

_____

_____

6. ¿Cuánto tiempo hace que juegan a las cartas las señoras? (una hora)

_____

_____

7. ¿Cuánto tiempo hace que no bailas? (una semana)

_____

_____

Ensalada de palabras

Unscramble the words and write a complete, logical sentence or question.

¿/juegan/americano/al/cuándo/fútbol/?
¿Cuándo juegan al fútbol americano?

1. hermano/televisión/todos/ve/los/mi/días

   _____

2. nosotros/al/dos/comemos/veces/día

   _____

3. ¿/año/al/veces/a/museo/cuántas/vas/un/?

   _____

4. a/cine/al/voy/la/tarde/cinco/de/las

   _____

5. ¿/veces/a/cuántas/la/juegan/al/semana/básquetbol/?

   _____

6. ¿/al/mes/van/veces/a/cuántas/bailar/?

   _____

7. a/ir/vamos/por/la/biblioteca/tarde/a/la

   _____

8. vamos/la/que/Buenos Aires/semana/viene/a

   _____

8 ¿Qué están haciendo?

Look at this illustration and say what the following people are doing right now. Write complete sentences using the *presente progresivo*.

yo
Yo estoy montando en bicicleta.

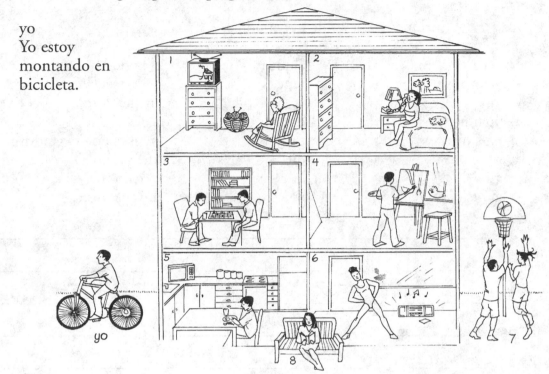

1. doña Susanita

   _____

2. tú

   _____

3. Juan Pablo y Patricio

   _____

4. Eduardo

   _____

5. Jaime

   _____

6. Rocío

   _____

7. nosotros

   _____

8. Magdalena

   _____

9 Ocho oraciones en presente progresivo

What are these people doing? Combine elements from each of the three columns to write eight logical sentences, using the *presente progresivo*.

☞ Enrique está leyendo el periódico.

Uds.	alquilar	el periódico
Pedro	tener	de la escuela
mis amigos y yo	venir	en el cuarto
Juanita y Esperanza	dormir	a pie
mis primos	pensar	en el día de la graduación
yo	oír	una película
tú	leer	mucho frío
don Julián	volver	música clásica

1. _____

2. _____

3. _____

4. _____

5. _____

6. _____

7. _____

8. _____

10 ¿Qué te gusta, qué haces o qué estás haciendo?

Complete the following sentences with the verb shown in parentheses. Use the infinitive, present participle, or present-tense form, where appropriate.

☞ Norma está <u>durmiendo</u> ahora mismo. (dormir)

1. Yo estoy _____ la tarea ahora mismo. (hacer)

2. A mí no me gusta _____ el teléfono. (contestar)

3. José _____ la mesa todas las noches. (poner)

4. Los chicos _____ a la playa todos los sábados. (ir)

5. ¿A Uds. les gusta _____ por teléfono? (hablar)

6. La profesora está _____ en la pizarra. (escribir)

7. Gabriel está _____ ahora mismo. (salir)

8. El profesor _____ mañana por la tarde. (volver)

9. Me gusta_____ a las damas. (jugar)

10. Elena casi nunca _____ a las cartas. (jugar)

11 Contesta las preguntas

Your parents are asking you the following questions. Answer them in two different ways. First, answer each question by placing the direct-object pronoun before the verb; second, answer each question by placing the direct-object pronoun at the end of the infinitive or present participle.

 ¿Está leyendo el periódico?
Sí, (No, no) lo estoy leyendo.
Sí, (No, no) estoy leyéndolo.

1. ¿Tienes que escribir una carta?

_____

_____

2. ¿Estás haciendo las tareas en la computadora?

_____

_____

3. ¿Vas a poner las donas en tu cuarto?

_____

_____

4. ¿Quieres hacer los aeróbicos?

_____

_____

5. ¿Quieres ver el mapa de la Argentina.

_____

_____

6. ¿Estás dibujando el mapa?

_____

_____

Correo electrónico

Write an e-mail to an electronic key pal and describe your favorite pastimes. How often do you do each activity? How long have you been doing each one? And when was the last time you did one of your favorite pastimes?

No Recipient, No Subject

| | Standard | MIME | QP | | | | | Send |

To:
From:
Subject:
Cc:
Bcc:
Attached:

_____
_____
_____
_____
_____
_____
_____
_____
_____
_____

Lección 14

¿Las estaciones?

While surfing the Internet you found this Web site about the weather. Describe the four drawings on the page. Indicate: a) what season it is; b) the weather conditions; c) and what you see in the illustrations. Write your answers in the space provided.

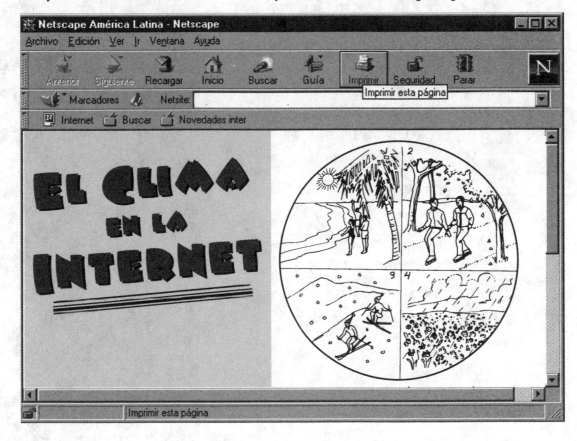

1. _____

   _____

2. _____

   _____

3. _____

   _____

4. _____

   _____

2 Chile

Decide whether the following statements are *true* or *false*. Write **V** *(verdad)* or **F** *(falso)* in the space provided.

_____ 1. En enero hace calor en Chile.

_____ 2. En julio hace frío en Santiago.

_____ 3. El la Isla de Pascua, la primavera es en mayo.

_____ 4. Chile está lejos del Océano Pacífico.

_____ 5. Hay buenos lugares para esquiar en Portillo.

_____ 6. La capital de Chile es Viña del Mar.

_____ 7. Los Andes están entre Argentina y Chile.

_____ 8. En Santiago hay contaminación ambiental.

Unas preguntas

Answer the following questions, using complete sentences.

1. ¿A qué hora haces las tareas de la escuela?

   _____

2. ¿A qué hora sales de la escuela en la tarde?

   _____

3. ¿Cuántas horas al día ves televisión?

   _____

4. ¿Sabes esquiar?

   _____

5. ¿Cuántas veces a la semana sales con tus amigos?

   _____

6. ¿Pones tú la mesa en casa?

   _____

7. ¿Das un paseo por el centro de la ciudad los fines de semana?

   _____

 ## Sopa de letras

In the word-square find and circle ten words related to the weather. The words may read forward, backward, horizontally, vertically or diagonally.

```
R O L A C O S T O Í S
I P E R N F M A N T E
T E M P E R A T U R A
E P U E B E X U B E I
N T S O L S Í V L V V
C A N F I C O N A O U
F E R O N O A B D L L
R M R N A T E L O L L
L Í S V A N V R Y U P
P Í V I E N T O I B E
O P L U N O P M E I T
```

5 ¿Hace frío o hace calor?

Look at the following temperatures for various cities across the continent during the month of August. They are all given in centigrade. Decide whether it is hot, cold or mild and write *hace calor, hace frío* or *hace fresco* in the space provided.

1. San Juan   33° _____
2. Bariloche   0° _____
3. Quito   16° _____
4. Managua   38° _____
5. Punta Arenas 5° _____
6. Portillo   -10° _____
7. Málaga   28° _____
8. La Paz   12° _____

6 El pronóstico del tiempo

Ricardo lives in Chile and has an electronic key pal from Ecuador. What is the weather like in Ecuador today? Look at the following newspaper clipping and answer the questions.

1. ¿Qué temperatura máxima hace en Ambato?

_____

2. ¿Qué temperatura mínima hace en Guayaquil?

_____

3. ¿Qué ciudades van ha tener la temperatura máxima de 33 grados?

_____

4. ¿Qué día va a llover más en Quito: el martes o el jueves?

_____

5. ¿Qué clima va ha hacer el viernes en Quito?

_____

7 Los deportes y el tiempo

Look at the following symbols for the weather and write about the activities you like to do when those conditions occur.

 Cuando hace sol, me gusta jugar al tenis.

1. _____

2. _____

3. _____

4. _____

5. _____

6. _____

8 El tiempo en Chile

Ana is in a chat room with her friend José from Chile and is asking him about the weather over there. Complete their dialog with the words from the list.

centígrados   Fahrenheit   temperatura   frío   calor   mínima   máxima   tiempo

```
File  Edit  View  Go  Window  Help
```

People Here: 2
* José
* Ana

ANA: Hola. ¿José? Como está el (1) _____ en Chile.

JOSÉ: Hola, Ana. ¿Qué tal? Hoy está lloviendo aquí en Santiago.

ANA: ¿Qué (2) _____ hace?

JOSÉ: ¿En centígrados o en Fahrenheit?

ANA: En los dos.

JOSÉ: En (3)_____ hace 6 grados en

(4)_____ hace 43 grados.

ANA: Hace un poco de (5)_____ ¿verdad?

JOSÉ: Sí, un poco. ¿Qué temperatura hace en los Estados Unidos?

ANA: Hace 80 grados Fahrenheit.

JOSÉ: ¡Qué (6)_____!

ANA: Sí, hace mucho calor.

JOSÉ: ¿Cuál es la temperatura (7)_____?

ANA: La temperatura mínima es de 70 grados.

JOSÉ: ¿Y la temperatura (8)_____?

ANA: Es de 87 grados.

JOSÉ: ¡Qué interesante! Tú estás en verano y yo en invierno.

```
Sí...                                    Send
Private Room   Places To Go   Help
Locate                        Exit Chat
                              Ignore  Identity
                              Phone   Message
Applet VpChat running
```

Nombre: _____ Fecha: _____

9 ¿Qué son?

The following athletes have qualified for the PanAmerican games in Chile. Write complete sentences to say what sport is each of the athletes known for? Follow the model.

Amanda
Amanda es volibolista.

1. Jorge

_____

_____

2. los hermanos Lapenti

_____

_____

3. Claudia

_____

_____

4. Francisca y Javier

_____

_____

5. Ana

_____

_____

6. Sara

_____

_____

7. Ernesto

_____

_____

8. Sergio

_____

_____

Nombre: ______________________ Fecha: ______________

10 Los números ordinales

The following Web page shows the women that competed in the 5,000-meter track-and-field race event at the Pan-American games. Look at the results from the race and complete each sentence with the appropriate ordinal number.

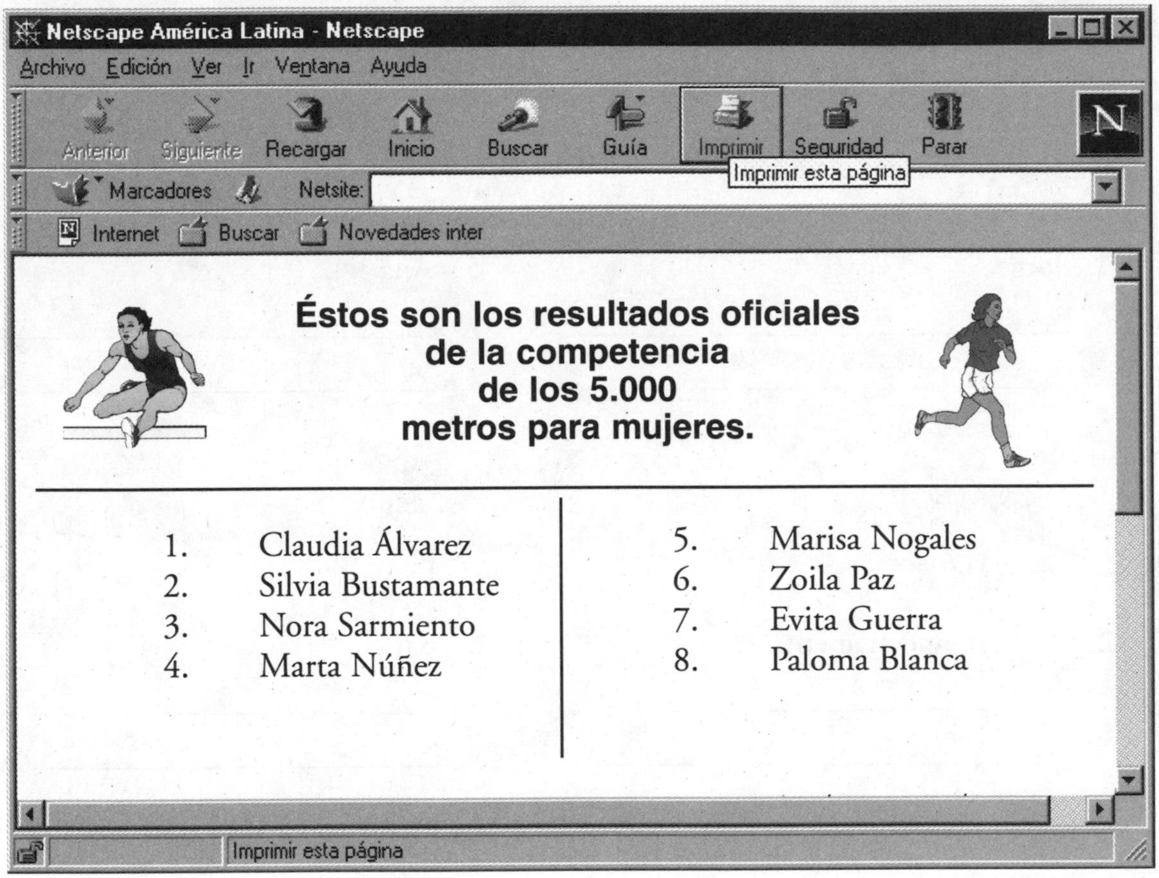

Netscape América Latina - Netscape
Archivo Edición Ver Ir Ventana Ayuda
Anterior Siguiente Recargar Inicio Buscar Guía Imprimir Seguridad Parar
Imprimir esta página
Marcadores Netsite:
Internet Buscar Novedades inter
Éstos son los resultados oficiales de la competencia de los 5.000 metros para mujeres.
1. Claudia Álvarez
2. Silvia Bustamante
3. Nora Sarmiento
4. Marta Núñez
5. Marisa Nogales
6. Zoila Paz
7. Evita Guerra
8. Paloma Blanca
Imprimir esta página

1. Claudia Álvarez llegó *(finished)* ________________
2. Nora Sarmiento llegó *(finished)* ________________
3. Marisa Nogales llegó *(finished)* ________________
4. Evita Guerra llegó *(finished)* ________________
5. Zoila Paz llegó *(finished)* ________________
6. Silvia Bustamante llegó *(finished)* ________________
7. Marta Núñez llegó *(finished)* ________________
8. Paloma Blanca fue la ________________ corredora en terminar.

Nombre: _____ Fecha: _____

11 Algo sobre los Juegos Olímpicos

Spanish-speaking countries have participated in the Summer Olympic Games since 1896. Here are more interesting facts about the role of the Spanish-speaking athletes in the Olympics. Complete each sentence with the appropriate ordinal number, based on the number shown in parentheses.

1. Chile fue el _____ país latinoamericano que participó (*participated*) en los juegos olímpicos. (1)

2. En 1928, Roberto Zorilla ganó (*won*) la _____ medalla de oro individual para Argentina. (1a)

3. México, D.F. fue la _____ ciudad latinoamericana donde se realizaron (*took place*) las olimpiadas. (1a)

4. En 1996, Claudia Poll, nadadora de Costa Rica, terminó _____ en la competencia de los 200 metros. (1a)

5. Yoelbi Quesada, de Cuba, fue la _____ en salto triple en las olimpiadas de Atlanta en 1996. (3a)

6. Rodolfo Gómez, corredor de México, fue el _____ en terminar la maratón en 1980. (6)

7. Teresa Zuñiga, de España, fue la _____ corredora en terminar los 800 metros en 1988. (7a)

8. En 1996, en las olimpiadas de Atlanta, Cuba ganó el _____ lugar en béisbol. (1)

9. Néstor Mora, de Colombia, fue el _____ciclista en terminar en 1984. (8)

10. Jefferson Pérez fue el _____ atleta del Ecuador en ganar (*win*) una medalla de oro en las olimpiadas de Atlanta en 1996. (1)

El informe del tiempo

Predict tomorrow's weather. Describe the conditions and suggest activities people can do in that weather. Then predict tomorrow's weather in Santiago, Chile. Be as descriptive as you can!

_____

_____

_____

_____

_____

_____

_____

_____

_____

_____

_____

CAPÍTULO 8

Lección 15

 **Crucigrama**

Complete the following crossword puzzle.

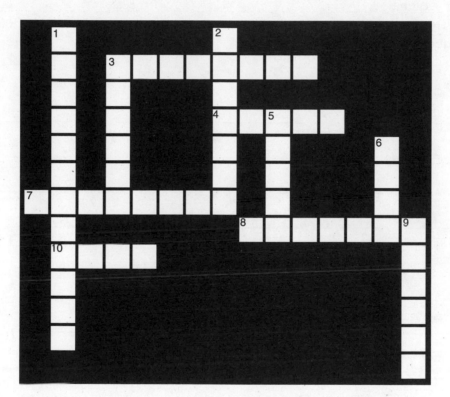

Horizontales

3. trabajo de la casa
4. inteligente
7. gente
8. dar una cosa temporalmente *(temporarily)*
10. mueble *(furniture)* para dormir

Verticales

1. lugar donde una persona puede comprar comida
2. plato español con arroz, carne, mariscos y verduras (plural)
3. es posible
5. ir a un lugar más alto
6. objeto para cocinar
9. instrucciones para cocinar un plato

2 ¿Quiénes acabaron de limpiar la casa?

Using an element from each of the four columns, write seven sentences to indicate what the following people have just done to make the house look so clean.

 Pedro acaba de lavar las ollas.

yo	acabar de	arreglar	el patio
Uds.		barrer	el baño
Natalia		colgar	el cuarto
Julio y Elena		limpiar	la ropa
nosotros		pasar	la basura
Raquel		recoger	la mesa
Uds.		sacar	la aspiradora

1. _____

2. _____

3. _____

4. _____

5. _____

6. _____

7. _____

3 Francisco es un buen amigo

Francisco is a good friend. He lends his belongings to his friends and family all the time. Indicate to whom he usually lends the items below, using the verb *prestar* and the appropriate indirect-object pronoun.

 Camilo/su guitarra
Le presta su guitarra a Camilo.

1. Rosaura y Mónica/su computadora

_____

2. tú/su receta de paella

_____

3. Magdalena/su tocadiscos

_____

4. Uds./la aspiradora

_____

5. sus primos/su televisor

_____

6. su mejor amigo/su motocicleta nueva

_____

7. su hermana/su bolígrafo

_____

8. nosotros/su libro de español

_____

9. Manuel/diez dólares

_____

10. yo/ su bicicleta

_____

¡Francisco tiene buenos amigos!

Francisco's friends are also very nice so they have decided to help him do different chores. Restate the following sentences by moving the indirect-object pronoun to another appropriate position.

> Manuel le está lavando el carro.
> Manuel está lavándole el carro.

1. Yo le voy a pasar la aspiradora.

   _____

2. ¿Le quieres lavar la ropa?

   _____

3. Mónica le va a preparar una paella.

   _____

4. Uds. le están arreglando el cuarto.

   _____

5. Rosaura le va a barrer el cuarto.

   _____

6. Nosotros le debemos ir a buscar leche.

   _____

7. También le queremos limpiar la cocina.

   _____

8. Magdalena le está colgando la ropa.

   _____

9. Camilo le está dando de comer a su perro.

   _____

5 ¿Qué está haciendo la familia Mendoza?

Everyone in the Mendoza family helps with the housework. Look at the drawing and summarize what they are doing at this moment.

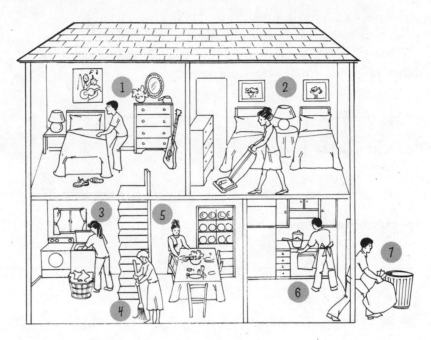

1. Marcelo

   _____

2. la señora Mendoza

   _____

3. Luz

   _____

4. doña Pepita

   _____

5. Marina

   _____

6. el señor Mendoza

   _____

7. Julio

   _____

6 ¿Ayudas en la casa?

What are the chores you must do at home? Answer the following questions using an appropriate indirect object pronoun. Make any other necessary changes.

 ¿Le debes poner la mesa a tu abuelita?
Sí (No, no) debo ponerle la mesa.

1. ¿Le debes colgar la ropa a tus hermanos?

   _____

2. ¿Le debes limpiar el garaje a tu padre?

   _____

3. ¿Le debes limpiar la cocina a tu madre?

   _____

4. ¿Le debes prestar tu bicicleta a tu hermanito?

   _____

5. ¿Le debes ir a buscar pan en el supermercado a tu madre?

   _____

6. ¿Les debes preparar la comida a tus padres?

   _____

7. ¿Les debes barrer el patio a tus abuelos?

   _____

8. ¿Le debes lavar el carro a tu madre?

   _____

7 De compras en una tienda de electrodomésticos

You have won a gift certificate at an appliance store and are looking at some of the items they carry. Make a list of what you will buy for six of your family members. Make sure to use the appropriate object pronoun, and *a* followed by a noun to clarify to whom you are referring.

 Le compro una secadora de pelo *(hair dryer)* a mi madre.

1. _____

2. _____

3. _____

4. _____

5. _____

6. _____

Radio Cadena Cope

The entire family enjoys listening to the radio. Look at the schedule for *Cadena Cope* and indicate what program the following people listen to at the indicated times. Write complete sentences using the correct form of the verb *oír*.

Daniel/1:00 P.M.
Daniel oye *Noticias de la tarde* a la una de la tarde.

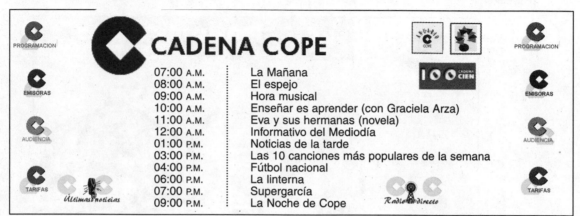

CADENA COPE

07:00 A.M.	La Mañana
08:00 A.M.	El espejo
09:00 A.M.	Hora musical
10:00 A.M.	Enseñar es aprender (con Graciela Arza)
11:00 A.M.	Eva y sus hermanas (novela)
12:00 A.M.	Informativo del Mediodía
01:00 P.M.	Noticias de la tarde
03:00 P.M.	Las 10 canciones más populares de la semana
04:00 P.M.	Fútbol nacional
06:00 P.M.	La linterna
07:00 P.M.	Supergarcía
09:00 P.M.	La Noche de Cope

1. mis amigos y yo/4:00 P.M.

   _____

2. mis padres/mediodía.

   _____

3. yo/9:00 A.M.

   _____

4. Carlota/11:00 A.M.

   _____

5. mi abuelo/7:00 A.M.

   _____

6. tú/7:00 P.M.

   _____

7. Fernando/6:00 P.M.

   _____

8. mis tíos/8:00 A.M.

   _____

9 La fiesta de Josefa

There is a party at Josefa's house. What is everyone bringing according to the drawings? Write complete sentences using the correct form of the verb *traer*.

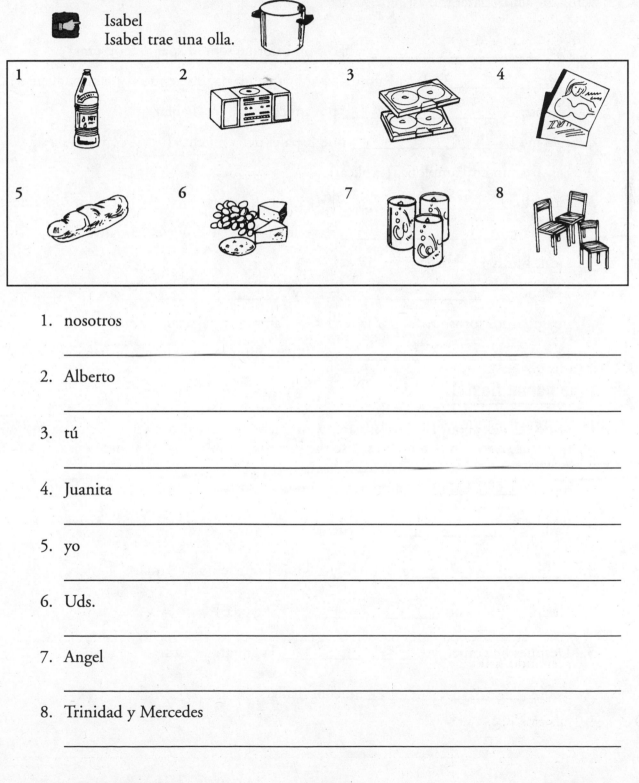

Isabel
Isabel trae una olla.

1. nosotros

_____

2. Alberto

_____

3. tú

_____

4. Juanita

_____

5. yo

_____

6. Uds.

_____

7. Angel

_____

8. Trinidad y Mercedes

_____

10 **El informe de Amelia**

Amelia wrote a very interesting report on Spain. Find out how she went about doing it. Complete the following sentences with the correct form of the preterite tense of the verbs shown in parentheses.

1. Ayer _____ a hacer mi informe sobre España. (empezar)

2. _____ a doña Palmira, la amiga de mi tía, que es de Barcelona. (llamar)

3. Nosotras _____ por mucho tiempo. (hablar)

4. Ella me _____ que España tiene muchas fiestas como la Fiesta de San Fermín en Pamplona. (explicar)

5. Cuando _____ el teléfono, _____ un mapa de España y _____ Pamplona. Está en el norte del país. (colgar, sacar, buscar)

6. Después _____ la luz y _____ los ojos para imaginar los toros *(bulls)* por las calles de Pamplona. (apagar, cerrar)

7. Eso me_____ a escribir un informe muy original. (ayudar)

11 **¡Qué buena fiesta!**

Oswaldo tells us about last week's party. Complete the sentences with the correct form of the verbs shown in parentheses. Use the preterite form to say what happened.

1. Teresa _____a preparar la fiesta en su casa la semana pasada. (empezar)

2. Yo le_____ . (ayudar)

3. _____ a Rodrigo y a Sonia por teléfono. (llamar)

4. Carlos y Mario nos_____ . (ayudar)

5. Después de comer, yo _____ la guitarra. (tocar)

6. Todos _____ mucho. (bailar)

12 ¿Conoces España?

Look at the map and locate the following cities. Write the names of the cities in the space provided.

La Coruña   Madrid   Barcelona   Sevilla   Toledo
Valencia   Granada   Segovia   Salamanca Córdoba

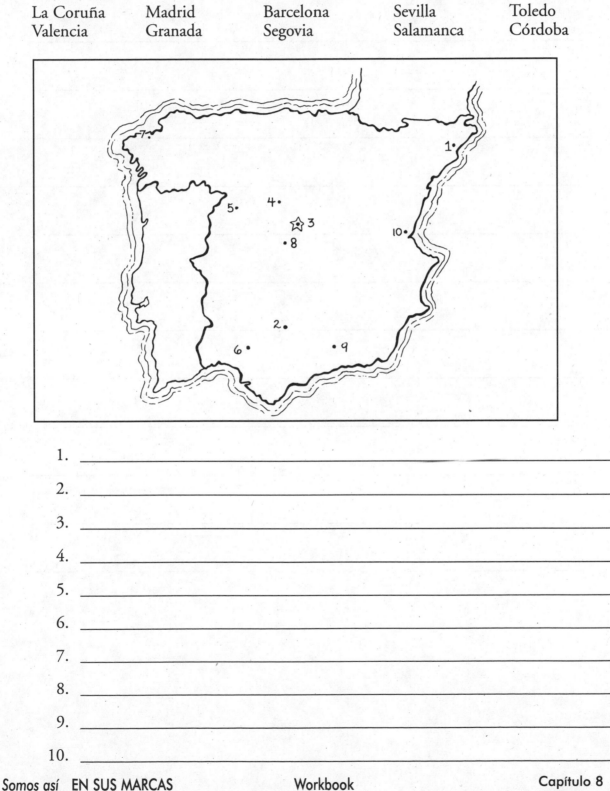

1. _____

2. _____

3. _____

4. _____

5. _____

6. _____

7. _____

8. _____

9. _____

10. _____

13 ¡Invítanos a tu fiesta!

Your parents have given you permission to have a party with the condition that you clean afterwards. Your friends have agreed to help. Make a list of the chores, including who will do them and when.

——

——

——

——

——

——

——

——

——

Lección 16

1 Sopa de ingredientes

In the word-square find and circle ten food items and one place where you can buy them. The words may read forward, backward, horizontally, vertically or diagonally.

P	L	U	N	T	W	E	M	P	A
Á	P	L	P	O	K	O	O	I	I
M	E	L	O	L	V	I	X	Á	R
E	M	E	E	E	L	T	U	R	O
R	U	C	U	E	P	A	P	A	H
C	S	H	L	S	L	T	L	V	A
A	C	U	A	C	Á	M	E	S	N
D	O	G	Á	O	T	B	G	L	A
O	R	A	N	O	A	R	R	O	Z
M	U	N	A	T	N	L	E	L	L
E	V	V	C	H	O	R	I	Z	O
O	A	E	T	A	C	A	U	G	A

2 De compras en el supermercado

Isabel and Eloy have finished shopping and are new at the checkout counter. Look at the drawing and write the name of each food item, using the correct indefinite article where appropriate.

1. _____

2. _____

3. _____

4. _____

5. _____

6. _____

7. _____

8. _____

9. _____

10. _____

3 La paella de mariscos

Read the following recipe and answer the questions. You may try it at home if you like.

Paella de mariscos

Este plato tradicional puede ser hecho de carne o pescado y a veces ambos, pero los dos ingredientes principales son siempre el arroz y el azafrán.

(para seis personas)

1 langosta mediana, cocida y cortada
6 camarones grandes
1 kilo de pescado cortado en pedazos
4 tomates
2 dientes de ajo
1 cebolla
1 taza de arroz
1 cucharita de chile picante
1 cucharita de azafrán
caldo de pescado
aceite

Freír el pescado en aceite y ajo. Añadir la cebolla y los tomates. Mezclar el arroz y freír unos minutos. Añadir suficiente caldo de pescado hasta cubrir el arroz. Añadir sal, pimienta y azafrán y dejar cocinar a fuego lento hasta que esté bien cocido.

PAELLADOR

PAELLA DE MARISCOS

1. ¿Cuáles son los dos ingredientes principales?

   _____

2. ¿Qué clase de mariscos hay en esta receta?

   _____

3. Si quieres hacer esta receta para doce personas, ¿cuánto arroz necesitas?

   _____

4. ¿De dónde es este plato tradicional?

   _____

5. ¿Cuántos tomates hay en esta receta?

   _____

6. ¿Es esta receta para la paella valenciana? ¿Cuál es la diferencia?

   _____

7. ¿Te gustaría hacer esta receta? ¿Por qué?

   _____

4 Marco es tan bueno como su hermano

Marco feels that his older brother is better than he is in all respects. Help him boost his self-confidence, following the model.

 Él lee más que yo.
Tú lees tanto como él.

1. Él va a más fiestas que yo.

   _____

2. Él juega al tenis mejor que yo.

   _____

3. Él es más popular que yo.

   _____

4. Él baila mejor que yo.

   _____

5. Él tiene más amigos que yo.

   _____

6. Él nada más rápido que yo.

   _____

7. Él es más alto que yo.

   _____

8. Él es más divertido que yo.

   _____

5 Más comparaciones

Make comparisons with the information provided and then write complete sentences in Spanish. Follow the model.

 Estos pollos son buenos y esos pollos son malos.
Estos pollos son mejores que esos pollos./Esos pollos son peores que estos pollos.

1. Hay tres lechugas aquí y hay cinco lechugas allí.

   _____

2. Estos tomates son pequeños y aquellos tomates son grandes.

   _____

3. Tú preparas el arroz en tres minutos y yo lo preparo en diez minutos.

   _____

4. Hay cinco cebollas y cinco manzanas en el refrigerador.

   _____

5. No hay mucha sal en la sopa pero sí hay mucha pimienta.

   _____

6. Aquellos aguacates están buenos pero estos aguacates no están buenos.

   _____

7. Esos tomatcs están maduros y estos tomates también están maduros.

   _____

8. Estos pimientos cuestan un dólar la libra y esas naranjas también cuestan un dólar la libra.

   _____

9. Gloria está comprando una libra de pescado y Jorge está comprando una libra de pescado.

   _____

10. Yo tengo diecinueve años y tú tienes veinte años.

    _____

Exageraciones

Some people like to exaggerate about everything. Rewrite each sentence to single out the object mentioned as the best of the world. Follow the model.

 Es una bonita ciudad.
¡Es la ciudad más bonita del mundo!

1. Es un buen restaurante.

   _____

2. Los churros son buenos.

   _____

3. El aguacate es bueno.

   _____

4. Es una paella grande.

   _____

5. Es un restaurante limpio.

   _____

6. Es una verdura fresca.

   _____

7. Es un buen hotel.

   _____

7 Conexión cultural

Read the following fable. Do you recognize the story? Decide if the statements are *verdad* or *falso*. Write **V** or **F** in the space provided.

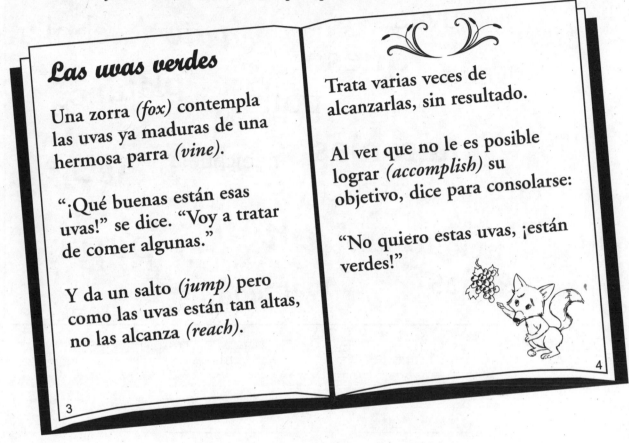

Las uvas verdes

Una zorra *(fox)* contempla las uvas ya maduras de una hermosa parra *(vine)*.

"¡Qué buenas están esas uvas!" se dice. "Voy a tratar de comer algunas."

Y da un salto *(jump)* pero como las uvas están tan altas, no las alcanza *(reach)*.

3

Trata varias veces de alcanzarlas, sin resultado.

Al ver que no le es posible lograr *(accomplish)* su objetivo, dice para consolarse:

"No quiero estas uvas, ¡están verdes!"

4

_____ 1. La zorra quiere comer uvas.

_____ 2. La zorra no puede comer las uvas porque están muy verdes.

_____ 3. Las uvas no están maduras.

_____ 4. Las uvas maduras están muy altas.

8 La comida

Classify the following foods under the appropriate food group.

fresas   uvas   carne   cebolla

aceite   queso   plátanos

pollo

lechuga   naranjas   habichuela   leche

maíz   chorizo

helado   jamón   papa

manzanas   mantequilla

Frutas	Verduras
_____	_____
_____	_____
_____	_____
_____	_____
_____	_____

Proteínas	Calcio	Grasas
_____	_____	_____
_____	_____	_____
_____	_____	_____
_____	_____	_____

9 El menú

You decided to start your own restaurant in Spain and you need to come up with a name and create your own menu. Fill in the space provided with all the necessary information.

Restaurante _____

Sopas _____

    sopa de _____

    sopa de _____

    sopa de _____

Platos principales _____

_____

_____

_____

Pescados y Mariscos _____

_____

_____

Verduras _____

_____

_____

_____

_____

Postres _____

_____

_____

_____

De tomar _____

_____

_____

10 Regateando

In Madrid, El Rastro is a large open-air market where people routinely bargain for items. Imaging you are shopping at this market and overhear the conversation that follows. Complete the dialog with the words from the list.

precio   puedo   pide   da   doy   llevarlos   llevo   compro.

CLIENTE: ¿Cuánto (1) _____ por estos tomates?

VENDEDOR: La libra (2)_____ por diez euros.

CLIENTE: El otro señor los (3)_____ por nueve euros. Yo los

(4)_____ por nueve euros.

VENDEDOR: Señor le di el mejor (5)_____. Lo siento, no

(6)_____ darle otro precio.

CLIENTE: Entonces, no los (7)_____, gracias.

VENDEDOR: Bueno, está bien. Puede (8)_____ por nueve.

11 Obra de caridad

People were showing up at different hours last Saturday at your school to bring their contributions for a charity journey. Write sentences to summarize at what time each person came and what each one donated.

    Rosario/8:00 A.M./diez libras de papas
Rosario estuvo a las ocho de la mañana y dio diez libras de papas.

1. Juan/10:00 A.M./doce latas de guisantes

_____

_____

2. el profesor Torres/10:30 A.M./cinco libras de café

_____

_____

3. Paula y Jorge/11:00 A.M. cuatro libras de chocolate

   _____

   _____

4. Graciela y Ana/11:10 A.M./veinte huevos

   _____

   _____

5. Ud./2:00 P.M./veinte libras de arroz

   _____

   _____

6. doña Leonor/2:15 P.M./unas bolsas *(bags)* de manzanas

   _____

   _____

7. nosotros/4:20 P.M./cinco galones de leche

   _____

   _____

8. tú/5:00 P.M./una caja *(box)* de fresas

   _____

   _____

9. yo/6:00 P.M.una bolsa de naranjas

   _____

   _____

12 En el supermercado

You and your friend are at a supermarket buying ingredients for a *paella*. Create a dialog. Compare quality between various food items and talk about your favorite and least favorite foods. Be creative.

_____

_____

_____

_____

_____

_____

_____

_____

_____

_____

_____

_____

_____

_____

CAPÍTULO 9

Lección 17

1 En la playa

Antonio is on a beach in Panama. Look at the drawing and identify the parts of the body that are labeled. Then answer the questions.

1. ¿Qué ropa tiene Antonio?

   _____

2. ¿Tiene zapatos?

   _____

3. ¿Qué tiene en su dedo?

   _____

4. Antonio va a una fiesta esta noche. ¿Qué ropa va a necesitar?

   _____

   _____

Sopa de letras

In the word-square puzzle find and circle ten names of colors. The words may read forward, backward, horizontally, vertically or diagonally.

```
O  R  O  S  A  D  O  D  O  O
R  A  R  T  I  R  N  J  Z  C
A  R  X  U  G  R  I  S  U  N
Z  O  V  E  R  D  E  L  A  A
O  T  N  O  R  E  T  B  L  L
R  W  S  V  U  D  O  S  R  B
O  G  E  C  A  F  É  D  A  Z
J  L  S  U  S  T  L  U  Z  A
O  L  L  I  R  A  M  A  E  G
A  N  A  R  A  N  J  A  D  O
S  E  O  M  J  I  T  C  R  C
```

3 ¿Te gustan los anaranjados?

At the mall, you are asked to respond to a survey about clothes and colors. How would you respond? Follow the models.

> ¿Te gustan las faldas cafés?
> Sí, me gustan las cafés.
> ¿Te gustan los pantalones negros?
> No, no me gustan los negros. Me gustan los cafés.

1. ¿Te gustan los trajes de baño rojos?

   _____

2. ¿Te gustan los calcetines blancos?

   _____

3. ¿Te gustan los zapatos negros?

   _____

4. ¿Te gustan las camisas anaranjadas?

   _____

5. ¿Te gustan los sombreros amarillos?

   _____

6. ¿Te gustan los impermeables verdes?

   _____

7. ¿Te gustan los suéteres azules?

   _____

8. ¿Te gustan las chaquetas cafés?

   _____

4 Panamá

Decide whether the following statements about Panama are *verdad* or *falso*. Write V or F in the space provided.

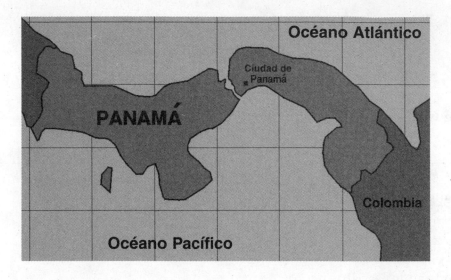

_____ 1. El Canal de Panamá conecta (*connects*) el Golfo de México

con el Océano Atlántico.

_____ 2. Todos los panameños son descendientes (*descendants*) de los españoles.

_____ 3. Los cuna y los chocó son grupos indígenas de Panamá.

_____ 4. Rodrigo de Bastidas, Juan de la Cosa y Vasco Núñez de Balboa llegaron

a Panama antes que Cristóbal Colón.

_____ 5. Panamá está en el Archipiélago de San Blas.

_____ 6. Hay muchos bancos en Panamá.

_____ 7. No hay montañas en Panamá.

_____ 8. Panamá está lejos del Océano Pacífico.

5 La carta de Carlos

Complete the following letter with the words from the list.

prometí	algodón	compras	estuve	corbatas
algo	compré	queda	contarte	quedó

Querida Diana:

Como te (1) _____, te escribo para (2)_____

lo que compré en Panamá. Estuve en el centro comercial de la Plaza

Paitilla donde no (3)_____ nada. Después

(4)_____ por las tiendas de la Vía España. Allí compré

tanto que no me (5)_____ dinero. Compré un traje de

(6) _____ para llevar a una fiesta elegante. Me

(7)_____ muy bien. Compré cinco camisas y tres

(8)_____ de seda. También conseguí

(9) _____ de ropa para llevar a la escuela, unos

pantalones negros, una chaqueta y un suéter de lana.

¡Me gusta mucho ir de (10)_____!

Tu amigo,
Carlos

6 En el centro comercial El Jardín

As usual, yesterday was a busy day at the *El Jardín* shopping center. Summarize what the following people did using the elements given.

 Mariana/ver un vestido muy bonito
Mariana vio un vestido muy bonito.

1. David/barrer la tienda

   _____

2. yo/salir de la tienda con dos pantalones grises

   _____

3. Ud./volver a la tienda de zapatos

   _____

4. los muchachos/conseguir camisas de algodón

   _____

5. tú/prometer volver mañana

   _____

6. el señor Arteaga/vender muchos zapatos

   _____

7. Marisol y yo/comer en la cafetería

   _____

8. Armando/pedir dinero prestado

   _____

9. Lorenzo y Virginia/subir al segundo piso

   _____

10. Magdalena/escoger una blusa de seda

   _____

Reporte al jefe

Imagine that you work in a store. Your boss has just returned from vacation and wants to know what everyone did. Answer the questions using the clue provided in parentheses.

> ¿Quién sintió mucho no ir de vacaciones? (yo)
> Yo lo sentí mucho.

1. ¿Quién abrió la tienda? (yo)

   _____

2. ¿Quién durmió toda la tarde ayer? (Gustavo)

   _____

3. ¿Quién encendió las luces? (Sara)

   _____

4. ¿Quién pidió más faldas? (nosotros)

   _____

5. ¿Quién escogió estos calcetines? (Diana)

   _____

6. ¿Quién me escribió la carta? (Ricardo y Paula)

   _____

7. ¿Quién prefirió abrir más tarde? (nosotros)

   _____

8 Las fotografías del viaje

Cristina brings photographs to school to show her friends what she did in Panama. Write a description of each photograph in the space provided. Be sure to use the preterite tense.

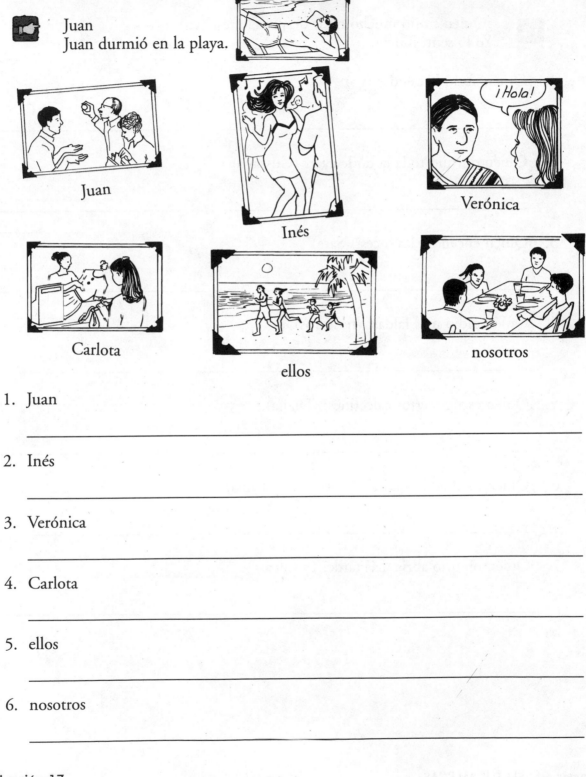

Juan
Juan durmió en la playa.

Juan

Inés

Verónica

Carlota

ellos

nosotros

1. Juan

   _____

2. Inés

   _____

3. Verónica

   _____

4. Carlota

   _____

5. ellos

   _____

6. nosotros

   _____

9 ¿Cómo fue?

Your friend Rubén from Panama wants to know about the last school dance you went to. Answer the questions with the appropriate preterite form of the verb *ser*.

1. ¿Cómo fue la fiesta? ¿Divertida?

    _____

2. ¿Cuándo fue la fiesta?

    _____

3. ¿Dónde fue?

    _____

4. ¿Fuiste tú la primera persona en llegar a la fiesta?

    _____

5. ¿Quiénes fueron los chaperones?

    _____

6. ¿Fueron tú y tus amigos los mejores bailarines *(dancers)*?

    _____

7. ¿Fue ésta la mejor o la peor fiesta?

    _____

 **De compras**

Do you remember the last time you went shopping? Answer the following questions in a logical manner.

1. ¿A dónde fuiste de compras?

   _____

2. ¿Con quién fuiste?

   _____

3. ¿Qué escogiste?

   _____

4. ¿Qué compraste?

   _____

5. ¿Qué preguntaste?

   _____

6. ¿Cuánto costó todo?

   _____

11 ¿A qué fueron?

Look at the drawings and describe what everyone did. Follow the model.

☞ Rodolfo
Rodolfo fue a nadar

Rodolfo   Paz   Jorge

Inés   Paco   Manuel   Claudia y Catalina

1. Paz

_____

2 Jorge

_____

3. Inés

_____

4. Paco

_____

5. Manuel

_____

6. Claudia y Catalina

_____

 **¡No me digas!**

Read the following e-mail and fill in the space provided using the words from the box.

nada
nunca
nadie
tampoco
ni
ninguna

No Recipient, No Subject

| | Standard | | MIME | QP | | | | | Send |

To:
From:
Subject:
Cc:
Bcc:
Attached:

Mi amigo Lalo tiene una vida muy simple. No sale ni a caminar (1)_____ a bailar.
(2)_____ sale de compras porque no quiere comprar (3)_____. Ni sus amigos, ni (4)_____ le piden dinero porque ellos saben que no tiene. Lalo (5)_____ va a bailar porque no tiene (6)_____ camisa elegante.

 ¡Vamos de compras!

When was the last time you went to the mall? Write one or two paragraphs in Spanish about all the things you did and saw there. Describe the items you bought. Make any information you wish.

_____

_____

_____

_____

_____

_____

Lección 18

1 Los diminutivos

Below is a list of couples registered at the store for wedding gifts. In the space provided, write the correct first name using the diminutive or affectionate form. Follow the model.

 Valdiviezo <u>Susanita</u>

Multiregalos
SU CASA S.A.

en donde encuentra lo mejor de lo mejor
para la damita, el caballero y los niños

Lista de Bodas

María González T. Luis Güell P.	Laura Camacho V. Milton Luna R.
Marisol Chávez S. Angel Nájera D.	Ana Pérez C. Patricio López R.
Julia Quezada D. Jesús Almeida T.	Elena Montes J. Gerardo Polanco T.
Susana Valdivieso V. Manuel Quesada B.	Margarita Correa I. Miguel Landázuri B.
Paula Guerra G. Fabián Alarcón M.	Carmen Vega D. Javier Andrade T.
Patricia Gutiérrez T. Ernesto Elizondo M.	Augusta Rivera M. Jaime Machado N.
Sofía Guerrero R. Alberto Paéz S.	Mónica Bucheli V. Miguel Guerra G.

PARA LOS NOVIOS **10%** DE DESCUENTO
ADEMÁS UN **15%** DE DESCUENTO ADICIONAL
CON LA COMPRA DE SUS ANILLOS DE
COMPROMISO O DE MATRIMONIO

1. Camacho _____

2. Guerra _____

3. Vega _____

4. Nájera _____

5. Pérez _____

6. Machado _____

7. Quezada _____

8. Polanco _____

4 El paraguas verde

Find out what happened to the green umbrella. Complete the following sentences with the correct preterite forms of the verbs shown in parentheses.

1. Ayer yo no _____ en casa porque _____ que ir de compras con mi madre. (estar/tener)

2. Ella _____ en el periódico, y también_____ en la radio, que va a llover y _____ que quería comprarme un paraguas nuevo. (leer/oír/decir)

3. Nosotros _____ al centro comercial a pie porque esta bastante cerca de nuestra casa. (ir)

4. Pero nosotros _____ cansados; así que _____ la escalera mecánica. (llegar/usar)

5. En una tienda, mi madre _____ un paraguas con florecitas, pero a mí no me _____. (ver/gustar)

6. Nosotros _____ en otra tienda y finalmente _____ uno de color verde. (buscar/conseguir)

7. Al volver a casa, _____ a llover. (empezar)

8. Yo _____ el paraguas nuevo, pero_____tanto viento que se lo _____ . (abrir/hacer/llevar)

9. Yo _____ decir esta mañana que unos chicos _____ un paraguas verde en el patio de su casa. (oír/ver)

5 ¿El cumpleaños de Vicente?

Vicente's birthday was yesterday, and his friends gave him a surprise party. Summarize what everyone did to help out, using the provided cues and the correct preterite forms of the verb *hacer*. Follow the model.

 Verónica/un dibujo cómico de Vicente.
Verónica hizo un dibujo cómico de Vicente.

1. yo/una lista de juegos

   _____

2. Raquel/una lista de regalos

   _____

3. Yolanda y Diego/una paella

   _____

4. Raúl/el postre

   _____

5. tú/las invitaciones

   _____

6. nosotros/las bebidas

   _____

7. Uds./una tarjeta de cumpleaños

   _____

8. todos nosotros/muchas cosas

   _____

9. Martín/nada

   _____

6 Crucigrama

Complete the following crossword puzzle.

Horizontales
6. Subo al décimo piso en un _ .
7. La falda no es larga; es _ .
9. Vamos a pagar en la _ .
10. ¿Qué te parece el _ ? ¿Muy grande? ¿Muy pequeño?

Verticales
1. La _ es un metal gris.
2. El precio es bueno porque está en _ especial.
3. No voy a comprar nada para _ dinero.
4. Este pañuelo no es feo; es muy _ .
5. Lleva un _ porque va a llover.
7. Este collar de perlas no es barato; es _ .
8. Recibí muchos _ el día de mi cumpleaños.

7 Practicando las preposiciones

Complete the sentences with the appropriate prepositions, based on the drawing.

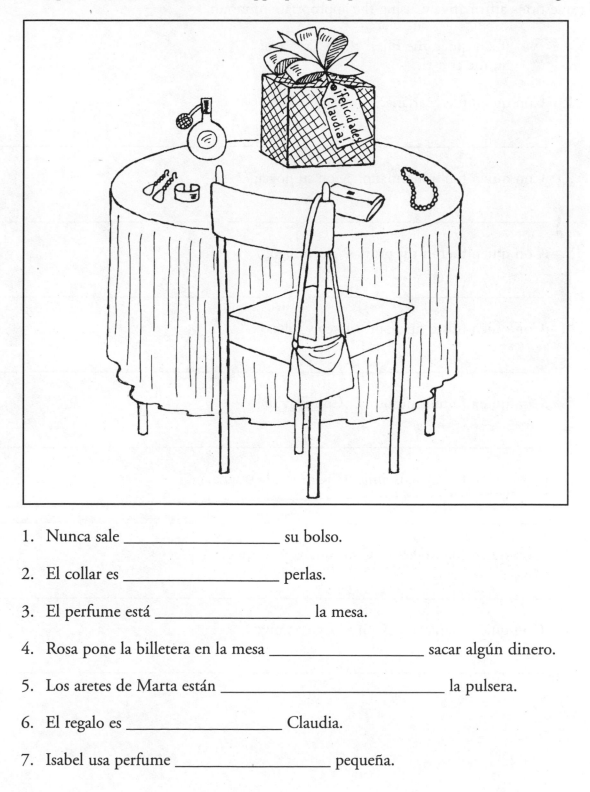

1. Nunca sale _____ su bolso.

2. El collar es _____ perlas.

3. El perfume está _____ la mesa.

4. Rosa pone la billetera en la mesa _____ sacar algún dinero.

5. Los aretes de Marta están _____ la pulsera.

6. El regalo es _____ Claudia.

7. Isabel usa perfume _____ pequeña.

¿Con quíen fueron?

Your friend, Lucas, wants to know with whom everyone went to the party. Answer his questions affirmatively, using the appropriate pronoun.

 ¿Con quién fue Elisa? ¿Con Santiago?
Sí, fue con él.

1. ¿Con quién fue Mariana? ¿Contigo?

   _____

2. ¿Con quién fue tu hermano? ¿Con su novia?

   _____

3. ¿Con quién fueron tus primas? ¿Conmigo?

   _____

4. ¿Con quién fuiste tú? ¿Con Marco y Silvia?

   _____

5. ¿Con quién fuimos nosotros? ¿Con David?

   _____

6. ¿Con quién fueron mis amigos? ¿Con mi hermana?

   _____

7. ¿Con quién fue Rogelio? ¿Con Amalia y contigo?

   _____

8. ¿Con quién fue Javier? ¿Con Luz y conmigo?

   _____

¿Cuál es tu respuesta?

Match the questions on the left with the logical responses on the right. Write the letter of your answer choice in the space provided.

_____ 1. ¿Qué hiciste anoche?   A. Contigo.

_____ 2. ¿Con quién fuiste?   B. Es de cuero.

_____ 3. ¿Vas a pagar en efectivo?   C. Fui a Unicentro.

_____ 4. ¿Cuánto cuesta?   D. Treinta dólares.

_____ 5. ¿Por qué no compras nada?   E. No, a crédito.

_____ 6. ¿De qué es la billetera?   F. Porque quiero ahorrar dinero.

_____ 7. ¿Te gusta este cinturón?   G. No, es demasiado largo.

10 Mauricio compra un regalo

Mauricio is at a store buying a gift for his girlfriend. Unscramble the following dialog between him and the clerk by numbering the sentences in a logical order.

_____ ¿Cuánto cuestan?

_____ Es muy linda. Bueno, la compro.

_____ Buenas tardes.

_____ Buenas. Estoy buscando un regalo para mi novia.

_____ ¿Cómo quiere pagar?

_____ ¿Qué tal estos aretes de oro?

_____ Son demasiado caros. ¿No tiene algo más barato?

_____ En efectivo, por favor.

_____ Esta pulsera está en oferta especial. Sólo cuesta veinte dólares.

_____ Cincuenta dólares.

¡Comprando en Otavalo!

You are buying a gift at the open marketplace in Otavalo. Create a dialog between you and the salesperson. Ask what materials the items are made of and how much they cost. Say whether you like them or not and what you think of the quality and price. Try to bargain and reach an agreement. Use your imagination!

_____

_____

_____

_____

_____

_____

_____

_____

_____

_____

_____

_____

_____

_____

Nombre: _____ Fecha: _____

CAPÍTULO 10

Lección 19

1 ¿Qué hizo César?

César is going to Perú as an exchange student. He is chatting with his friend Enrique about what he did last weekend in preparation for his trip. Complete the conversation using the appropriate form of the verbs *comprar, hablar,* and *leer.*

Excite Chat - Netscape

File Edit View Go Window Help

People Here: 2
- César
- Enrique

CÉSAR: ¡Hola, Enrique!

ENRIQUE: ¡Hola! ¿Qué hiciste el fin de semana pasado?

CÉSAR: (1)_____ con la profesora Beatriz.

ENRIQUE: ¿Y de qué (2)_____ Uds.?

CÉSAR: (3)_____ de mi viaje al Perú.

ENRIQUE: ¿La profesora sabe mucho del Perú?

CÉSAR: Sí, ella fue al Perú el año pasado.

ENRIQUE: ¿Y ya compraste las cosas que necesitas para tu viaje?

CÉSAR: Sí, (4)_____ ropa para cuando hace frío y para cuando hace calor.

ENRIQUE: ¿(5)_____ un impermeable para la lluvia?

CÉSAR: Sí, (6)_____ un impermeable muy bueno.

ENRIQUE: ¿Qué más compraste?

CÉSAR: (7)_____ un libro muy barato sobre el Perú.

ENRIQUE: ¿Y ya lo (8)_____?

CÉSAR: Sí, ya lo (9)_____ todo.

Sí...   Send

Private Room   Places To Go   Help
Locate   Exit Chat
Ignore   Identity
Phone   Message

Applet VpChat running

2 Perú

Look at the map and locate the names on the list. In the space provided, write each place name next to the correct number.

Los Andes   Lago Titicaca   Océano Pacífico   Cuzco   Machu Picchu   Lima

1. _____

2. _____

3. _____

4. _____

5. _____

6. _____

3 ¡Vamos al volcán Irazú!

It is important to know how to read maps and signs, especially when visiting a large park. Look at the following sign found at the Irazú National Park. Then write the letter that corresponds to the desired place in the space provided. There may be more than one appropriate site for each sentence.

> _H_   Me gustaría poner el carro en el estacionamiento.

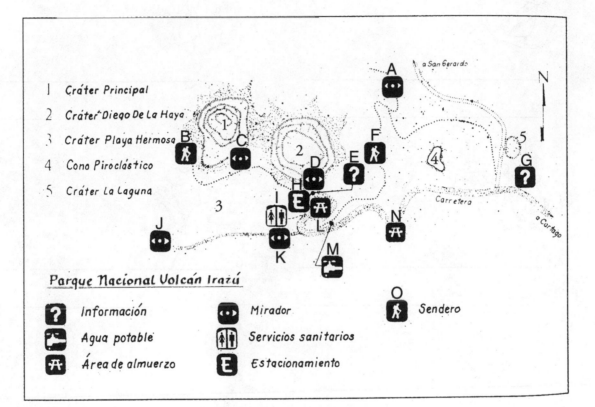

_____ 1. Me gustaría ver el Cráter Diego de la Haya.

_____ 2. Quiero ir al baño.

_____ 3. ¿Te gustaría comer el almuerzo?

_____ 4. Quiero caminar por el Cráter Principal.

_____ 5. Quiero tomar agua.

_____ 6. ¿Te gustaría hacer una pregunta sobre este parque?

4 ¿Qué tienen que hacer este fin de semana?

All your friends are busy this weekend. Look at the drawing and write what each person has to do. Follow the model.

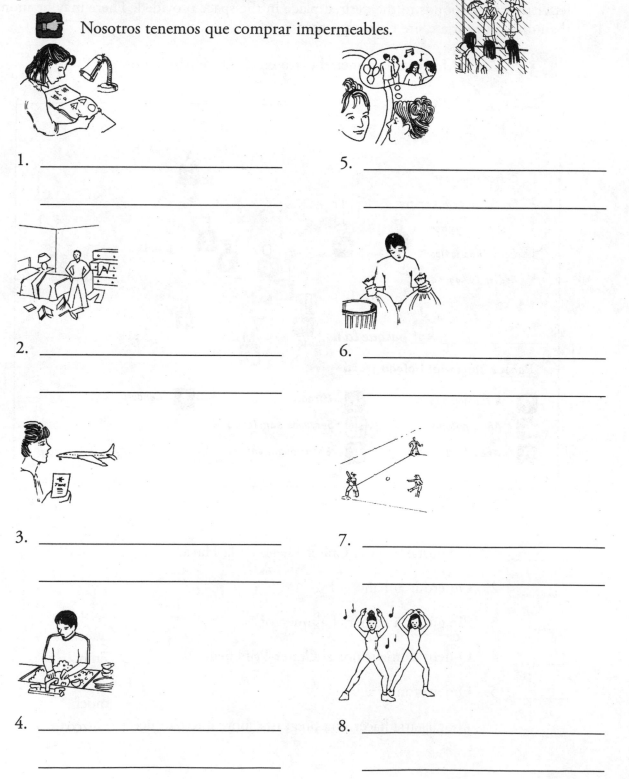

Nosotros tenemos que comprar impermeables.

1. _____

   _____

2. _____

   _____

3. _____

   _____

4. _____

   _____

5. _____

   _____

6. _____

   _____

7. _____

   _____

8. _____

   _____

 **Clases favoritas**

Miranda writes a letter to her grandparents in which she talks about her classes at school. Complete the letter by filling in the appropriate word from the list.

> geografía   arqueología
>
> español   **historia**   **BIOLGÍA**
>
> aztecas
>
> mayas   matemáticas   **incas**

Queridos abuelos:

Hola. ¿Cómo están? Yo estoy muy contenta porque me gustan mis clases este año. Mi clase favorita es la clase de (1)_____ porque aprendemos mucho de los (2)_____ de Perú y Ecuador, los (3)_____ de Guatemala y los (4)_____ de México. También me gusta mucho la clase de (5)_____ porque la historia de los países es muy interesante. La clase de (6)_____ también es muy interesante porque estudiamos las plantas y los animales del mundo. La clase de (7)_____ no es difícil porque me gustan los números. Pero más que nada me gusta la clase de (8)_____ porque ahora entiendo el español y puedo viajar a muchos países donde se habla español.

La historia de Perú

How much do you know about Peru's history? Match the information in both columns by writing the correct letter in the space provided.

_____ 1. la civilización de los valles al norte del Perú   A. 1524

_____ 2. siglo en el que desaparecieron los moche   B. Birú

_____ 3. la civilización que vino de los Andes   C. quechua

_____ 4. la ciudad donde vivieron los Incas   D. Francisco Pizarro

_____ 5. lengua de los incas   E. los incas

_____ 6. año en que llegaron los españoles   F. moche

_____ 7. primer conquistador español que llegó al Perú   G. Cuzco

_____ 8. nombre anterior del Perú   H. noveno

7 Memorias

Write one or two paragraphs about some of the things you did this past year. Describe some of the places you went, as well as pastime and school activities including the classes you took. Be creative.

_____

_____

_____

_____

_____

_____

_____

_____

_____

_____

_____

_____

_____

_____

Lección 20

 **Guatemala**

Read the following statements about Guatemala and decide whether they are true or false. Write **V** *(verdadero)* or **F** *(falso)* in the space provided.

_____ 1. Tikal es la capital de Guatemala.

_____ 2. Las ruinas de Chichen Itzá están en Guatemala.

_____ 3. Atitlán es un lago importante de Guatemala.

_____ 4. Los españoles llegaron a Guatemala en 1524.

_____ 5. Pedro de Alvarado es un maya famoso.

_____ 7. Huehuetenango y Quetzaltenango son lagos importantes en Guatemala.

_____ 8. Hay mucha evidencia del período colonial español en Guatemala.

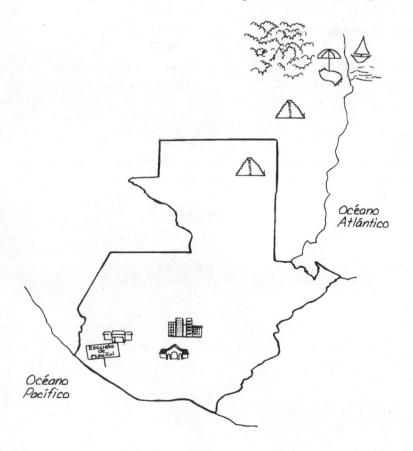

MayaQuest

While searching the Internet for information on the Maya civilization, you come across this Web page. Scan the information on the page and answer the questions that follow.

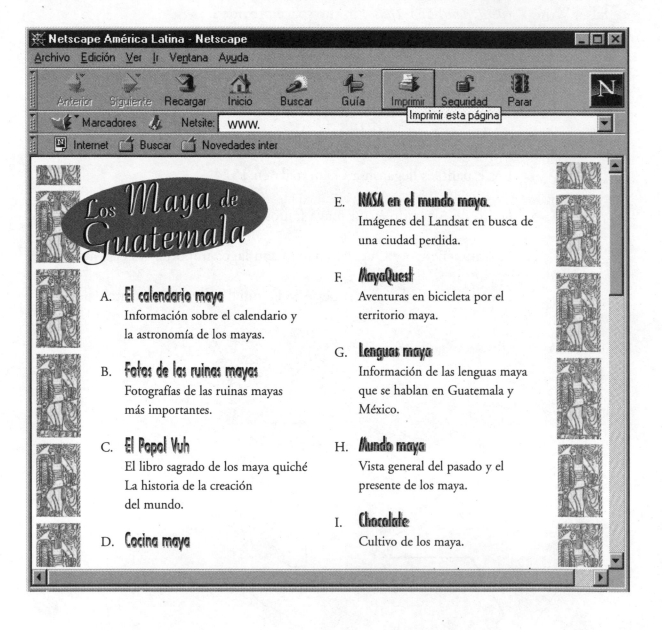

Netscape América Latina - Netscape

Archivo   Edición   Ver   Ir   Ventana   Ayuda

Anterior   Siguiente   Recargar   Inicio   Buscar   Guía   Imprimir   Seguridad   Parar

Imprimir esta página

Marcadores   Netsite: WWW.

Internet   Buscar   Novedades inter

Los Maya de Guatemala

A. El calendario maya
Información sobre el calendario y la astronomía de los mayas.

B. Fotos de las ruinas mayas
Fotografías de las ruinas mayas más importantes.

C. El Popol Vuh
El libro sagrado de los maya quiché La historia de la creación del mundo.

D. Cocina maya

E. NASA en el mundo maya.
Imágenes del Landsat en busca de una ciudad perdida.

F. MayaQuest
Aventuras en bicicleta por el territorio maya.

G. Lenguas maya
Información de las lenguas maya que se hablan en Guatemala y México.

H. Mundo maya
Vista general del pasado y el presente de los maya.

I. Chocolate
Cultivo de los maya.

1. Si quieres mirar fotos sobre las ruinas mayas de Copán en Honduras, ¿qué botón escoges? _____

2. Si quieres saber información sobre las lenguas que hablan en Guatemala, ¿qué botón escoges? _____

3. Si quieres saber información sobre la comida maya, ¿qué botón escoges?

   _____

4. Si quieres saber información sobre un viaje en bicicleta por México y Guatemala, ¿qué botón escoges?_____

5. Si quieres saber información sobre la historia de los maya, ¿qué botón escoges?

   _____

6. Si quieres saber información sobre el calendario de los maya, ¿qué botón escoges?_____

7. Si quieres tener fotografías de las ruinas de Tikal, ¿qué botón escoges?

   _____

8. Si quieres saber información sobre el chocolate, ¿qué botón escoges?

   _____

3 La carta de Rosa

Complete Rosa's letter to her friend Maruja about her plans for the summer. Complete the letter with the words and expressions on the list.

montar bicicleta	recepcionista	nadar
amiga	supermercado	trabajo
buscar	hacer un viaje	trabajar en un hotel

Querida Maruja:

Están terminando las clases de este año y tengo muchos planes para el verano. Me gustaría (1)_____ a Guatemala, pero cuesta mucho dinero. Entonces tengo que (2)_____ un trabajo este verano para poder ahorrar dinero.

Estoy pensando en trabajar como salvavidas pero no sé (3)_____. También me gustaría (4)_____ como (5)_____. Hay muchos hoteles cerca de mi casa con oportunidades de (6)_____. Espero (I hope) tener tiempo para (7)_____ y estar con mis amigos.

¿Qué vas a hacer tú? ¿Vas a continuar trabajando en el (8)_____ como el año pasado? Tienes que escribirme una carta y contarme tus planes.

Tu (9)_____, Rosa

4 ¿Qué profesión te gusta?

What would you like to study? Answer the following questions about careers using the words from the box.

banquero bibliotecario médico
programador artista arquitecto
arqueólogo cocinero
profesor veterinario

1. ¿Qué debes estudiar para trabajar con animales?

   Estudio para_____.

2. ¿Qué debes estudiar para trabajar en una biblioteca?

   Estudio para_____.

3. ¿Qué debes estudiar para trabajar en computación?

   Estudio para_____.

4. ¿Qué debes estudiar para trabajar en un hospital?

   Estudio para_____.

5. ¿Qué debes estudiar para trabajar en la cocina?

   Estudio para_____.

6. ¿Qué debes estudiar para trabajar en una escuela?

   Estudio para_____.

7. ¿Qué debes estudiar para trabajar en arquitectura?

   Estudio para_____.

8. ¿Qué debes estudiar para trabajar en arte?

   Estudio para_____.

9. ¿Qué debes estudiar para trabajar con ruinas de viejas civilizaciones?

   Estudio para_____.

10. ¿Qué debes estudiar trabajar en un banco?

   Estudio para_____.

El Mundo Maya

How much do you know about Guatemala and the world of the Maya civilization? Look at the map and locate the names on the list. Write each item in the space provided.

Tikal   **Guatemala**   Cancún

QUETZALTENANGO   México

Antigua   Ciudad de Guatemala   Chichén Itzá

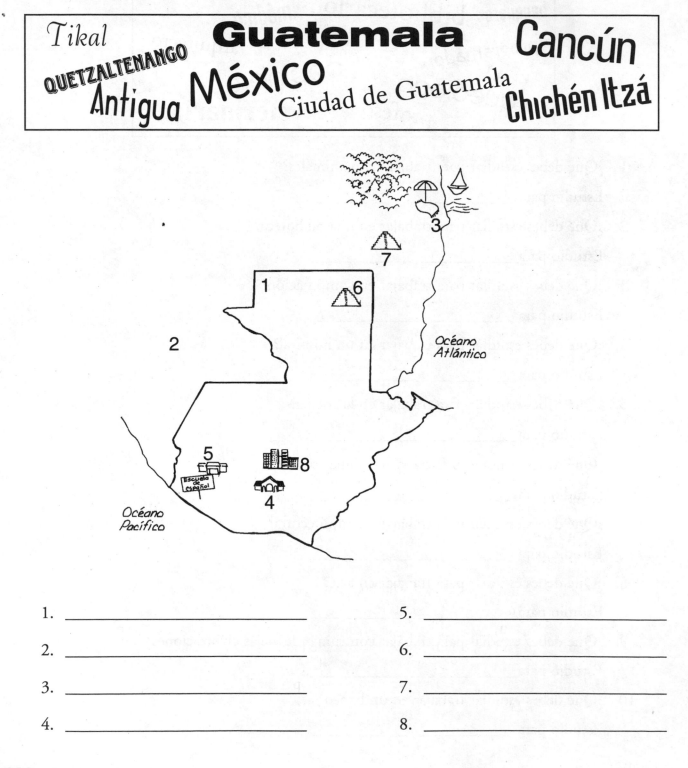

1. _____   5. _____

2. _____   6. _____

3. _____   7. _____

4. _____   8. _____

6 Crucigrama de las características

Complete the following crossword puzzle with words used to describe personal characteristics.

Horizontales

4. Mi amiga es muy _, le gusta divertir a sus amigos.
7. Mi amigo es muy _, toma todo con mucha calma.
8. Mi amigo es muy _, siempre dice lo que piensa.
12. Mi amiga es muy _, siempre pone todo en su lugar.
13. Mi amiga es muy _, ella siempre me da regalos muy caros.
14. Mi amigo es muy _, no es tímido.

Verticales

1. Mi amigo es muy _, no le gusta hablar con nadie o ir a las fiestas.
2. Mi amiga es muy _, le gusta viajar mucho.
3. Mi amiga es muy _, tiene muchos amigos.
5. Mi amiga es muy _, quiere ser presidente de los Estados Unidos.
6. Mi amigo es muy _, siempre dice la verdad.
9. Mi amigo es muy _, le gusta pintar y escribir poemas.
10. Mi amiga es muy _, no es fea.
11. Mi amigo es muy _, él tiene mucho dinero en el banco.

✎ Escribe sobre tus metas

Write one or two paragraphs about some of the things you will like to do after you finish with school. Describe what type of career you would like to study, some of the places you would like to go as well as activities you would like to do. Be creative.

_____

_____

_____

_____

_____

_____

_____

_____

_____

_____

_____

_____